SpringerWienNewYork

Edition Angewandte – Buchreihe der
Universität für angewandte Kunst Wien

Herausgegeben von Gerald Bast, Rektor

edition: 'ʌngewʌndtə

Sabine Scholl [Hrsg.]

laut∫Rift 2012

angewandte Literatur

SpringerWienNewYork

Impressum

Sabine Scholl, Institut für Sprachkunst,
Universität für angewandte Kunst Wien, Wien, Österreich

Printed in Austria
SpringerWienNewYork ist ein Unternehmen von
Springer Science + Business Media
springer.at

Lektorat: Sabine Scholl, Elisabeth Mundt, Nina Lucia Groß, Irmgard Fuchs, Johanna Kliem, Nils Treutlein & Katharina Luger
Korrektorat: Joanna Storm, Werner Korn
Grafische Gestaltung: Lena Appl & Werner Korn
Druck und Bindearbeiten:
Holzhausen Druck GmbH, 1140 Wien, Austria

Gedruckt auf säurefreiem, chlorfrei gebleichtem Papier – TCF

SPIN: 86084114

* Bibliografische Information der Deutschen Nationalbibliothek
Die Deutsche Nationalbibliothek verzeichnet diese Publikation in der Deutschen Nationalbibliografie; detaillierte bibliografische Daten sind im Internet über http://dnb.d-nb.de abrufbar.

ISSN 1866-248X
ISBN 978-3-7091-1213-7
SpringerWienNewYork

Inhalt

Inseln mit Dünen tun gut daran von Insulanern & Innen regelmäßig bestürmt zu werden

– Ihr, behauptetermaßen ihr oder wir oder jene, kurz, die Lesenden, sehen hinter den verschlossenen Seiten das, was ihr zu sehen euch vorstellt, wünscht, erwartet, verweigert, unterscheidet, verliert, erträumt. Ihr, ich, ihr klappt das Buch auf, ihr schlagt die erste Seite auf, das Inhaltsverzeichnis kippt euch in den Schoß, ihr springt schnell über die Zeilen und findet euch wieder in Prosa, Gedicht, Gedicht, Prosa, Drama, Prosa, etwas ganz Anderem, Prosa, Essay.

– Texte sind Welten, das ist nichts Neues. Texte sind Orte, sind Zeiten, Unbekannte. Ja? Geht es um etwas?, um uns?, geht es um jene?, um die? euch?, um andere? Geht es um das, was wir kennen oder das was euch fremd ist? Fragt ihr, geht es nicht immer um alles? Nein, sage ich. Im Lesen finden sich Spuren von den Verfassern & Innen. Es finden sich Splitter einer Welt, die die unsere, die eure, die meine ist. Doch durch die Augen & Worte der Insulaner wird die Welt neu & oder fremd. Sie wird zu einer Besonderheit. Man, ich, könnte jetzt sagen: In den Texten wütet die Suche nach der Möglichkeit einer Welt nach ihrer Überbordung & es würde stimmen. Ebenso wie es wahr ist, dass sich eine so beschriebene Welt die Schauplätze teilen muss. Es treten auf: Angst & Erfahrung, die mit & oder ohne Gefühl schön oder & bedrängend sind. Die Deutlichkeiten, die aus den Worten hervortreten, sind jene einer Verstörung, Überforderung, aber auch einer Abenteuerlust. Fragen treiben die Texte an zu einer Suche, nach dem, was darunter liegt. Das Graben in die Düne führt nicht zuletzt in die Sichtbarkeit des Inneren einer Düne. Finden sich darin Bunker oder Gerüste? Liegt man selber als Hund da unten vergraben? Oder ist da nur weiterer Sand, der einfach so ist, wie er beschaffen sein will? Was in der Grube aufblitzt, ist eine Hoffnung unter dem, von mir so genannten Schlagschatten einer Gegenwärtigkeit.

– Schlagworte: Wie sind wir auf die Insel gekommen? Geschwommen, Treibholz, vom Himmel gefallen, angereist, aus der Erde geschossen, einfach schon da gewesen etc. Was kann die Insel uns bieten? Die Insel wandert wenige Zentimeter im Jahreskreis bis zur Kollision mit anderen

Inseln oder dem Abgrund. Wo kann sie in der Geografie festgemacht werden? Da sucht man vergebens nach einer Antwort. Auf den Dünen wirbelt der Staub die Vegetation davon. Eine gute Düne braucht keine schnörkelige Bepflanzung, sie hat sich selber & ihre Sturmmuster im Sand. Linien, denen man folgen kann oder & Worte darauf schreiben. Oder auch die Düne der Zeile nach zertrampeln. Wie ist diese Insel beschaffen? Karg, Straßenzüge, Häuserzeilen, ein Waldstück. Es wurden Bären & Füße gesichtet. Die Insel bietet keine Exotik, sondern eine Entwöhnung, eine Lebensform, eine Aussicht, bla.

– Ich höre denken, eine komische Insel ist das. Aber, könnt ihr jetzt nicht sagen, die Insel steht doch nur für etwas Anderes, so ist es schon immer gewesen. Wird es auch immer so sein?
Ich sage, nein, nicht auf unserer Düne, nicht auf dieser. Die gibt es & ist in Besitz genommen. Auf der Flagge, die in die Düne gesteckt wurde, steht in überdimensionalen Lettern ein Wort wie Sprachkunst gedruckt, wir drücken in jedem Morgengrauen jedem Buchstaben ein Auge zu.

– Mit Mund & oder Geist, mit Sinnlichkeit oder & Wut, durch viele Hände & eigenem Denkwerk haben wir in Tag- & Nachtarbeit aus einer gewöhnlichen Insel eine Landschaft aus den uns wichtigen Worten gemacht.

– Wir entfalten die Bücher wie unsere Topografie, wir legen die Seiten zu Klüften auseinander, wir stieren hinein in die Sätze. Wir füllen die Leerzeichen mit Verständnis, Ablehnung & oder Begeisterung.

– Ihr, die da jetzt, diesen Text bis hierher, bis jetzt, bis jetzt usf. bestritten habt, ihr habt den Weg auf die Insel gefunden. Ihr seid nicht vom Himmel gefallen, sondern seid einer Lautschrift gefolgt & angekommen. Ihr sind die   , also unsere. Ihr seid uns willkommen. Hier zwischen den Dünen. Schaut euch ruhig um. Haltet den Kopf ins Cremeweiß, tretet aber bitte nicht auf die schüchternen Umlaute, stürzt nicht über den Seitenrand &

– sagt uns doch, geht es nicht eigentlich immer um Alles?

Irmgard Fuchs, für die Redaktion

Mit Schreiben leben wollen

Nach Hochstimmung und dem Gefühl von Auserwähltheit zu Anfang des Studiums beginnt die eigene Haltung zum Schreiben sich meist zu verändern: Die einen fühlen sich erschlagen, die anderen angeregt von vielfältigen Eindrücken. Die einen fühlen sich gegängelt, die anderen verloren. Die einen meinen bereits alles zu wissen, die anderen entdecken riesige Lücken. Die einen meinen alles zu können, die anderen beginnen bisher Erreichtes zu revidieren. Die einen freuen sich über das Arbeiten in der Gruppe, die anderen wollen sich nicht zeigen. Die einen sind über Impulse froh, die anderen nur mit Lob zufrieden.

Dann mit der Zeit hat man sich kennen gelernt, hat gestritten, Allianzen geschlossen, Vorlieben entdeckt, Vorurteile abgelegt. Themen bilden sich heraus, Formen werden hinterfragt. Die einen gewinnen Sicherheit, die anderen stellen sich gegen alles, was von außen kommt. Die einen werden von der Welt der Arbeit, des Vergnügens, der persönlichen Beziehungen aufgesaugt, die anderen finden mehr und mehr Orte sich schreibend zu entfalten. Den einen bleibt Zweifel als ständiger Begleiter, die anderen suchen Fehler im System. Die einen verlangen nach Ruhe, die anderen nach dem Markt. Die einen fühlen sich schlecht, die anderen gut, viele sich irgendwo dazwischen. Und die Zustände ändern sich andauernd.

In der letzten Phase geht es ums Ganze. Entscheidungen werden getroffen, Themen gewählt, Formen erfunden, Perspektiven erforscht. Und die einen wissen was sie tun, den anderen fällt auf, was es alles noch braucht, um einen längeren Text zu vollenden. Die einen nehmen sich zu viel vor, die anderen auch und die anderen auch. Die anderen wollen plötzlich Regeln beachten, die anderen packen ihre ganze Welt in einen Roman und oft mangelt es an Zeit. Alle Fragen werden erneut gestellt und erneut müssen Antworten gesucht werden. Die einen fallen zurück vor den Anfang, die anderen reichen nun weit darüber hinaus.

Weil das Schreiben vom Leben nicht getrennt werden kann und weil die Studierenden Einzelne sind und sein sollen in allen Lagen zwischen den Extremen, mit verschiedensten Voraussetzungen unter verschiedensten Umständen aufgewachsen und mit verschiedensten Plänen und verschiedensten Vorzügen und Problemen. Alle zusammen finden in diesem Studium einen Ort und eine Gelegenheit. Die einen können was daraus machen, die anderen brauchen den Widerstand, die Reibung. Allen gemeinsam ist, dass sie sich während dieser drei Jahre entwickeln: Ihre Persönlichkeit, ihre Fähigkeiten, ihr Talent. Das braucht Zeit, das braucht Zeit, das braucht Zeit. Das braucht Raum, in dem probiert werden kann, bis der Markt ins Spiel kommt. Raum, in dem man Sicherheit gewinnt, vielfältige Praktiken sich schreibend zu behaupten und sogar zu überleben, wenn der Markt nicht so will, wie man sich wünscht. Von Vornherein schreiben zu wollen, was der Markt anscheinend braucht, läuft Gefahr verbraucht zu werden. Der Markt saugt zwar ein, er spuckt aber auch schnell wieder aus. Vor allem ist der Markt dabei, sich massiv zu verändern. Daher wird nicht schnelles Reagieren auf die Bedürfnisse des Marktes gebraucht, sondern das Trainieren von Möglichkeiten, die Entwicklung verschiedenster Methoden, ein Bewusstsein von kreativen Prozessen, um auch in schwierigen Zeiten um Lösungen nicht verlegen zu sein.

Mit Schreiben leben zu wollen braucht Haltung, braucht Kraft, braucht Zeit.

Sabine Scholl

Bela's Banat

In Hollywood ist ein Gesicht aus dem Banat.

Im Banat schwimmt kein Tintenfisch gurgelnd in Flussniederungen und lässt seine Tentakeln um lackierte Ufos greifen. Bela Lugosi ist tot. Ein Holzpfahl durch sein Herz. Endgültig. Das letzte Wort von Dracula.

Hollywood. Ed Wood. BauHaus für Bela Lugosi, sein Lebensstil ist ihm zu teuer geworden, die Frau mit seinem Kind verschwunden und das Morphium wieder da. Schon wieder ist Bela Lugosi tot. Bela Lugosi hätte Ray Ban getragen.

Im Banat trägt keiner seidene Krawatten mit Bambiaufdruck. Blüte Morphin bricht ab, über der Wurzel in der Erde, und treibt neue Knospen aus. Es sollte einmal eine Geschichte erzählt und ein Gefühl gespielt werden: Transsilvanische Erzählungen in ihrer Blütezeit.

Lange Palmen stehen wie Stecknadeln in kalifornischer Erde. Knöpfe aus Palmenwedeln. Pin-up-Girls. Schwarze Augen von J.D. schauen Lugosi beim Sargtesten zu. Dracula ist Bela Lugosi, der sich eine Zigarre anzündet und an der Bushaltestelle wartet.

In Lugoj kitzelt ein Kind den eigenen Fuß mit einer Entenfeder und lacht, weil ein Postbote auf dem Kopfsteinpflaster von seinem Rad stürzt. Ein rotes Kopftuch fliegt über die Gusseisenbrücke und bleibt in der grünen Wiese liegen.

Bela Lugosi hätte seine dünne schwarze Krawatte in einem legeren Knoten gebunden. „Die Frauen bevorzugen die traditionellen Monster." Lauf, Bela. Wenn wir deine Sprache verstehen würden, kämen wir auf einen grünen Zweig.

Aus dem Banat soll er laufen, will er laufen, und macht mit seiner Familie ein Ende bevor er den ersten Dampfer nimmt, sagt ihnen Adieu und weint nicht um seine Kinder. Sie werden sich doch nicht mehr an ihn erinnern. Seine Vergangenheit – ausgeschwemmt.

In Hollywood raucht er zwischen Platinblondinen lange Zigarren, pafft schöne Wölkchen und es liegt die Erotik wie ein Feuerring in seinen Pupillen. Und er ist immer der Böse und macht sein gutes Geld. Vergangene Landschaftsbilder. Ein Traum.

In Lugoj fließt ein Fluss.

Das Eigene und die Stimme

Ich habe Stimmen gehört, zuletzt diese: im Essay behält man die eigene Stimme. Da ich mich frei nach Pollesch nur mit dem beschäftige, was mich sowieso beschäftigt, was nicht selbstverständlich ist, sondern unerträglich, beschäftige ich mich jetzt damit.

TOCOTRONIC
DORON RABINOVICI
RENÉ POLLESCH

Warum finde ich diesen Ausdruck griffig, obwohl er aus zwei Begriffen besteht, die sich in ihrer Problematik ebenbürtig sind?
Das Eigene und die Stimme. Ich fange mit den Stimmen an, und damit die Probleme. Wenn ich in meiner Stimme schreiben will, muss ich mich erst mal entscheiden in welcher. Denn ich habe ja verschiedene *in der Brust*, im Ohr, im Mund. Sie ordnen sich alle mir zu, durch mich werden sie gebündelt, und durch das Bündeln entstehe ich. Wenn ich es nicht schaffe, sie zu bündeln, bin ich eigentlich gar nicht da.

FRIEDRICH SCHILLER

Schaffe ich es nicht, sie zu bündeln (Stimmen, in der U-Bahn):

Bitte beachten Sie, dass nach der Abfertigung des Zuges mit den Worten: zurückbleiben, bitte! das Ein- oder Aussteigen verboten ist. Und achten Sie auf den Spalt zwischen Bahnsteig und U-Bahn-Türe. Noch beim Hören kann ich mir nicht vorstellen, wie man diese Informationen freundlich anbringen kann, aber tatsächlich fühle ich mich immer sehr geborgen, wenn die Ansage kommt. An anderer Stelle heißt es dagegen *Römergasse, Haus der Barmherzigkeit*, und *Barmherzigkeit* klingt so, als bedeute es *Kälteeinfall*.

WIENER LINIEN

I don't have a ticket, hat heute in der U-Bahn eine Frau zu mir gesagt, einfach so, ich habe dann gesagt, *Well, you better buy one then*, und dachte mir noch, das hätte ich auch freundlicher sagen können, kurz bevor sie sagte, *Wie bitte?*

Einer redet ununterbrochen: *Man denkt immer irgendwas in seinem Kopf nämlich, ich würd's nich aushalten, wenn ich nich immer was denken würde.* Die U-Bahn taucht auf. *Hier is ja alles dunkel.* Er verstummt.

Ich überlege mir: Es ist vollkommen egal, was man sagt, wenn man nur die richtige Stimme dabei trifft. In der U-Bahn, beim Telefonieren, aber besonders bei der Lesung. Wenn ich die Leute, die fragen, ob da noch frei ist, nur herzlich anlächle, ist es denen egal, was ich sage, ich überlege mir, immer *keinesfalls* zu sagen.

Wir verstehen uns, aber wir können uns nicht hören.

POLLESCH

Stimmen, vom Nesselweg her: / komm auf den Händen zu uns / wer mit der Lampe allein ist, / hat nur die Hand, draus zu lesen. PAUL CELAN
An dieser Zeile verstehe ich am ehesten, was die *Atemwende* ist. Noch mehr aber in dem, was Celan ihm im *Meridian* hinzufügt: *Wer auf dem Kopf geht, meine Damen und Herren, wer auf dem Kopf geht, der hat den Himmel als Abgrund unter sich.*

Auf der Titelseite des Kurier (*Bildung brandheiß!*) steht, dass Singen das gleiche Hormon freisetze wie Kuscheln. KURIER

Mit etwas Konkretem beginnen:

mit der Chicken-McNuggets-Form, *diese Form diente dazu, die Chicken McNuggets perfekt zu formen, sie wurde aus einer speziellen Legierung hergestellt und wiegt rund 8 kg bei einer Dicke von 2 mm. 16 Chicken McNuggets konnten gleichzeitig gepresst werden. In dieser Form sind die vier klassischen Chicken-McNuggets-Designs der frühen 70er integriert: ein Stiefel, eine Kugel, ein Knochen und eine Glocke* … und dann sagen, dass sie die deutlichste Form der Zweifelhaftigkeit alles einfach Erklärbaren darstellt. Dann würde ich keinen Übergang leisten zu der – McDONALD'S

– drängen sich aneinander, nehmen die Luft dazwischen auf –

– kann ich endlich sagen, wie ich es meine, und nicht, was ein Beispiel dafür wäre, nicht es an die Wand werfen als etwas, das nur ein Fund war für das, was gemeint ist, sondern die Sache selbst. Wie bei Pollesch. Die reden einfach über das, worum es geht. POLLESCH

Sollte doch eigentlich eine Erleichterung sein, ist es aber nicht, ich bin wie das Kind, das nur dann still sein kann, wenn es zum Sprechen aufgefordert wird.

Ich hingegen würde gern jemand sein, über den man sagt, er denke nur laut. Wogegen? Was ist der Anlass dieses Satzes?
Fehlt die Konjunktion, der Grund, aus dem es gesagt wird. Deswegen Gedanken, von denen man ahnt, dass sie wichtig sein könnten, die sich aber noch keiner Kategorie, keinem Verwendungszweck zuordnen lassen, oft ungehört verschwinden. Liegt das Verwerfen bei Tageslicht am Vergessen des Anlasses. Liegt das Weglassen des Anfangs auch oft daran, dass man sich eine Antwort auf eine altbekannte Frage stellt. Hält man zwei Sachen auch manchmal deswegen für verschieden, weil man sich von verschiedenen Anlässen auf sie zubewegt

hat. Oder *das muss man aus dem Kontext heraus verstehen*. Markiert man auch einen Standort damit, grade indem man ihn weglässt, wie wenn eine Gruppe einem Dazugekommenen nicht sagt, worum es geht. Kann auch heißen, dass man den Anlass als gegeben nimmt, nicht mehr nennen muss. Dieses Gegeben-Sein, im Vielleicht-Unterschied zum Standortmarkieren, hat etwas Beruhigendes, man hat sich auf etwas geeinigt, ein a priori, das man nicht mehr bedenken muss. Habe ich das Gefühl, dass es viel zu viele Gegebenheiten gibt, von denen man vergessen hat, dass man sie gesetzt hat, und mir, dem Dazugekommenen, nicht mehr erklären kann, *restringiert*.

Drum sehn wir jetzt oft nur eine Verzweiflung darüber. Ich finde erst hinterher die Fragen zu meinen Antworten. Eine davon könnte sein: Wie wird Wahrheit erschaffen? Oder: Wie komme ich am schnellsten zu dem, was ich sagen will?

Eine Anlasslehre müsste man machen, oder aber sich ganz von den Anlässen befreien, die Fähigkeit gewinnen, einfach anzufangen, mit dem, worüber man reden will.

Diese verschiedenen Anlässe, von denen her man zu dem gelangen kann, was man sagen wollte, ganz beweglich zu machen, das hieße für mich, Essayist sein, mich frei bewegen zu können.

und was mit hineinnehmen ich kann nur ein und zwischen die sätze setzen um keinen mehr zu gewichten als den anderen aber doch stehen sie in einer reihenfolge da, eine gleichberechtigung der töne haben die zwölftonmusiker angestrebt so müsste ich es auch mit worten machen keines dürfte öfter vorkommen als das andere nach abgestecktem rhythmus dürfen sich die wörter wiederholen, haare, wonach soll ich das leben ordnen, heute ordne ich es nach haaren, ich bewundere menschen, die ihre haare im griff haben, ich habe eine kategorisierung gelesen, braves haar, frivoles haar, verwirrtes haar, ich beobachte ein mädchen, das seine haare einige male durch die hände laufen lässt, schmiegt, wie auch mein opa mit seinen großen händen den teig knetet, und es dann in einem band zusammenfasst, ich muss es mir merken, aber dann sind da noch all die anderen dinge, und wie soll ich wissen, wann es zeit ist, welches heranzurufen, wenn doch alles gleichzeitig ist, pollesch POLLESCH
verwendet in all seinen essays die gleichen versatzstücke und über celan CELAN
heißt es, man habe schwierigkeiten gehabt, seinen notizen ein datum zuzuordnen, da er oft in verschiedenen zusammenhängen das gleiche schrieb und es ist wie ein setzkasten, nach katze kommt haar und es ist immer eine dreiheit von dingen.

Ich habe etwas im Kopf, das ich nicht benennen kann, und dann lese ich in einer Umsprungshandlung ein Haar von meinem Pullover, und glaube, es darin zu finden. Andersrum funktioniert es aber nicht: Was ich in das Haar hineingelegt habe, kommt nicht wieder heraus. Oder *was wir denken, liegt nicht in dem, was wir sehen*. Es wird nicht erlöst. Oder: Mir liegt etwas auf der Zunge, und dann fährt ein Schiff vorbei. Ich sage *Schiff*, erleichtert, und bemerke meinen Irrtum kaum, beziehungsweise gewinnt das Gegenwärtige auf beruhigende Weise gegen das Verpasste. Das liegt für mich in Handkes Satz *die Katze legt ihre warme Pfote auf meinen nackten Fuß*. Das Konkrete ist über jeden Zweifel erhaben. Oder: Ein einfacher Gedanke scheint mir auf einmal dreidimensional, aufgeladen, dabei ist es eigentlich nur die Gleichzeitigkeit von ganz verschiedenen Sachen, die diese Dreidimensionalität antäuscht: Vielleicht denke ich etwas, und gehe dabei an einem Plakat vorbei. Es braucht immer eine Dreiheit an Dingen, um diese Spannung hervorzurufen: zum Beispiel ein Lied, eine Erinnerung und eine Zeitung unter dem Arm.

GILLES DELEUZE

PETER HANDKE

Die Spannung entsteht durch das Aneinanderdrängen dieser verschiedenen Gegenstände. Sie nehmen sich gegenseitig die Luft oder es ist viel Luft zwischen ihnen. Sie ist durchdrungen und aufgesaugt. Wenn Friederike Mayröcker *Augen*, *Schwärmer* und *Aschenschale* nebeneinander schreibt, dann können diese Wörter nichts anderes als sich ansaugen.

FRIEDERIKE MAYRÖCKER

Es geht immer um das Herausheben eines einzelnen Aspekts, das eine Anmaßung, zumindest eine große Verantwortung ist. Mit dem, was ich sage, wähle ich aus dem Gemenge etwas aus, rufe es heran, worauf es sich in den Raum legt.

Und solang es nicht herangerufen ist, ist alles da, nebeneinander in seiner natürlichen Spannung, die Ente, ein Krümel und der Faltenwurf, aber dann bricht es ein und es saust um meine Ohren, und die Dinge weichen zurück vor mir und lassen einen Graben dazwischen und ich muss sie heranrufen, aber ich bin blind und es ist beliebig, was ich sage, und dann kann ich mich nicht entscheiden, soll ich sagen Haarwurzel, und alles ist möglich, aber nichts reicht aus.

Wie wird Wahrheit erschaffen? Durch den, der das Wort an sich reißt: Wahrheit entsteht aus der zusammengedrückten Luft einer Mondkapsel. Du hast falsch gehört, Mohnkapsel, es heißt Mohnkapsel.
Die Worte sind Beschwörungen, *Grenadiermarsch*, steht auf der Speisekarte, aufregend, denke ich, obwohl in dem Bottich ein hässliches Gemisch ist aus

Kartoffeln und Möhren und Fleischbrocken, aber ich sage *Grenadiermarsch* und glaube, dass es dadurch ersetzt wird, dass es sich verwandelt.

Jeden Nachmittag beim Nachmittagsspaziergang, beim Spaziergang nach dem Nachmittagskaffee, schlägt mein Opa vor, ganz langsam, als käme ihm diese Idee zum ersten Mal, man könne doch *irgendwo einkehren, auf einen Kuchen* GÜNTER KLIEM *vielleicht, einen Kaffee*, wie mein Opa das Wort Kaffee ausspricht, nämlich mit der Betonung auf der hinteren Silbe, und dabei spreizt er den kleinen Finger ab, oder vielleicht bilde ich mir das ein, und stolpert dann, mit seinen glatten Lederschuhen, über eine hervorstehende Gehwegplatte, *erhaben* würde er sagen, oder *plan, diese Platte ist nicht ganz plan*, und dazu mit der Hand über die Luft streichen wie über ein Schaf. *Handzahm*, sagt Marvin, hat sein Onkel die MARVIN DREIWES Schafe gemacht, die zu Weihnachten geschlachtet werden und ich weiß noch genau, wie wir den Schafen am Anfang einen ganzen Tag lang auf der kleinen Weide hinterhergerannt sind, um ihnen die Stecker in die Ohren zu machen wie bei meinem Steiffschaf Yvonne oder herauszunehmen oder sie bekamen einen Stempel. Aber es war schwer, die Schafe zu greifen, obwohl sie doch langes Fell hatten, Heidschnucken waren es nämlich, so wie Caro immer ihr Frühstücks- CAROLIN KLAPP brot tauft, kurz bevor sie es isst, und wie wir auch immer das Mädchen mit den wilden Haaren und der glatten Haut aus der Nebenklasse genannt haben, weil es so einen komplizierten Namen hatte, ihr Frühstücksbrot, auf das sie erst eine dünne Schicht Nutella und dann eine dicke Schicht Hüttenkäse streicht, Belmundo hat das eine Schaf geheißen, und so heißt noch immer das Fell, das auf dem Wohnzimmerboden liegt, und immer, wenn gesaugt wird, heißt es, leg mal den Belmundo beiseite, oder wenn jemandem auf einem Sessel kalt wird, fragt er, kannst du mir mal Belmundo geben, und früher hat Juli es noch zum JULI ZUCKER Weinen gefunden, aber jetzt kann sie ja nicht jedes Mal weinen, wenn jemandem der Belmundo gegeben wird, und sie findet es nur noch rührend, sagt sie, *handzahm*, denke ich, als sie mir die Belmundohaare von den Füßen zupft, und wir liegen den ganzen Tag auf Belmundo und trinken Kaffee.

Nur getaufte Lämmer werden geopfert. Bevor ein Ding aus dem Leben tritt, muss es durch Benennung herangerufen worden sein, sonst ist auch sein Sterben ungehört. Die Kinder weinen nur, wenn der Hase auf dem Tisch einen Namen hat.

Wie ich die Hasenkeule gegessen habe, als kleines Kind, erzählt man mir immer wieder, mit beiden Händen hast du sie gefasst, während man mir das Foto zeigt, dabei bin ich doch dabei gewesen, und meine Erinnerung wird ersetzt durch die Erzählung.

Das ist die eine Idee, die Erschaffung der Wirklichkeit durch Sprache. Eine andere, dieser nicht entgegengesetzte, ist die vom Verschwinden durch Sprache. Wie finde ich eine subjektlose Sprache? Wie erlange ich die Fähigkeit, nicht da zu sein?

JUDITH BUTLER
CHRISTIAN KRACHT

Wie schreibe ich über die Zeit, in der ich lebe? Eine Antwort könnte sein: Indem ich mich selbst untersuche, stellvertretend. Ich lese mich als Symptom. Es fällt in diesem Zusammenhang oft das Wort Seismograph. Ich würde eher von einer Beichte sprechen.

Ich konnte mir nie eine Kopflampe leisten.

ROLAND GRENL

Mache ich also meine Probleme zu denen der Welt, wie irgendjemand abfällig über jemand anderen gesagt hat?

FRIEDRICH DÜRRENMATT
MAX FRISCH

Problematischer daran ist, dass dieses Schreiben immer ein Abbilden ist, ein Zurückschauen und Heraufholen, bestenfalls ein Wiederbeleben. Dadurch entsteht nichts, es wird nur festgetreten.

Das Zurückschauen, das gleichzeitig ein Vorausgreifen ist, ein Frisch'sches *Ich stelle mir vor*, das sich selbst im Weg steht. Pathetisch gesagt: Das Wiederbeleben des Toten ist zugleich ein Entlebendigen des Gegenwärtigen.

FRISCH

Es gibt einen Unterschied zwischen Schreiben, das sich auf Wahrnehmung bezieht, und solchem, das *aus der Sprache selbst* heraus arbeitet. Das also die Sprache Bewegungen machen lässt, die mit dem Denken (noch) nicht möglich sind, anstatt eine Wahrnehmung nachzuzeichnen. Wenn die Sprache dem Denken vorauseilt, anstatt andersherum, kann sie das Denken formen.

LUDWIG WITTGENSTEIN

Ich verstehe Julia Kristevas Unterscheidung zwischen *Phänotext* und *Genotext* so, dass der Phänotext parallel zu der Wirklichkeit verläuft, die er beschreibt, während der Genotext *vertikal in die Sprache hineingeht* und aus ihr heraus seine Wirklichkeit bildet.

JULIA KRISTEVA

Was wäre das, ein Fallen im Gehen, in die Schritte hinein, ein *Verfertigen der Gedanken beim Sprechen*, ein *Rad, das aus sich selber rollt*. Wer dies versucht, muss den Blick zurück fürchten.

HEINRICH VON KLEIST
FRIEDRICH NIETZSCHE | CELAN

Was aber tut er stattdessen?

Was ist es, das aus sich selbst heraus rollt? Was ist mit dem Rad gemeint?

Der, der nicht zurückschaut, hat keinen Überblick. Er hat kein Gedächtnis.

Er hat nichts, *über* das er schreibt, sondern er schreibt *etwas*: einen *Text, der keiner Wirklichkeit mehr folgt, sondern sich selbst als Realität entwirft.* Er nimmt die eigenen Worte wörtlich. Wie auch bei Mallarmé das Weiß zwischen den Wörtern das Weiß der Seite ist.

PETER SZONDI
CELAN
STÉPHANE MALLARMÉ

Er schiebt etwas vor sich her, Schnee, Schaumschlägerei, gepflegte, und schaut erst hinterher, wenn er begraben wird, sieht, dass es ja genug war.

Er sitzt in der Leere und er zieht nichts heran, sondern alles fliegt auf ihn ein. Er geht mit dem Nichts um, er fällt, er sucht sich einen Punkt in der Leere, an dem er sich einhakt und sich aufschwingt, das geht nur, *weil nichts da ist*, wäre etwas da, fiele es ihm in den Rücken. Dieser Punkt ist ein Doppelpunkt. Er hat auf beiden Seiten die Schwere. Schwere ist etwas, das das Gewicht außerhalb von sich hat. Die Gewichte pendeln um den Doppelpunkt: Sie müssen sich gegenseitig mitnehmen. Das Gegenteil von Schwere ist wieder Schwere.

CELAN
HEGEL
MALTE ABRAHAM

Man sieht, dass dies keine stringente Definition von zum Beispiel Schwere ist.

Stellt man die verschiedenen – nicht aber sich widersprechenden – Fälle von Schwere nebeneinander, erhält man ein Netz von Verschiebungen, in dem das Wort schließlich gar nichts mehr bedeutet, oder immer nur so viel, wie in dem jeweiligen Fall.

MAYRÖCKER

Damit einem nicht die Decke auf den Kopf fällt –

Und wenn jemand *Decke* sagt, weiß man nicht, was gemeint ist. Man wird daraufhin sagen, *ja, unter der Decke ist es warm*. Alles vibriert. *Wir verstehen uns, aber wir können uns nicht hören.*

POLLESCH

Er versucht, so zu sein, wie Lucile, die nichts versteht und nur *äugt*, sie hört nur die Stimme, nicht den Inhalt. Zu ihr sage ich *keinesfalls* und sie wird sich setzen. Ihr gleich sucht er, nichts in Zusammenhang zu bringen. Wenn ein Ball über die Straße rollt, ist das nicht der Grund dafür, dass ein Kind auf die Straße läuft. Es läuft nur kurz danach auf die Straße (Synchronizität statt Kausalität). Er hat nicht den Überblick, da er kein Gedächtnis hat und keine Zukunft.

CELAN
C. G. JUNG

Er hat den Ball schon vergessen, der im ersten Satz aufgetreten ist, und im zweiten muss er ihn nochmals erwähnen wie etwas Neues.

Diese Sätze drängen sich gegeneinander, ohne aufeinander zu achten. Sie konkurrieren, aber es ist keine absichtliche Konkurrenz.

Es kann sein, dass der Ball im ersten Satz etwas anderes ist als im zweiten. Es ist aber niemand da, der es bemerkt. Es ist weder unvereinbar noch vereint.

Man könnte auch sagen, sie werden aus verschiedenen Anlässen herausgesagt. Es sind verschiedene Stimmen und sie nehmen verschiedene Perspektiven ein, aber es ist dabei unwichtig, ob sie durch eine Person gebündelt sind oder nicht. Das Subjekt ist verschwunden, was gesagt wird bezieht sich nicht auf etwas oder jemanden, es ist reine Hypothese.

Keinen Deut interessieren sich Ritter für erfrorene Dirnen. Wenn man sie aufkocht, werden sie kältebeständig. Kälte riecht neu. ROLAND

Die Absichten verdrehen sich. Worum? Um den Doppelpunkt. Um das, wonach niemand gefragt hat. Das ist der Salto, der sich aus dem Nichts schwingt, der Angelpunkt, an dem es ansetzt, liegt irgendwo, wohin niemand schaut, auch nicht der, der es schreibt. CELAN

Wo liegt der Umschlagspunkt, an dem die Richtung kehrtmacht? Außerhalb des Textes, das ist klar. Aber gefunden wird er im Wechsel der Perspektive: Es ist eine andere Stimme, die den letzten Satz sagt. Wenn man zuerst nach dem Sprecher sucht und nicht nach dem Gesagten, wird das Zufällige zum Unvorhergesehenen. Der Sprecher aber kann gestrichen werden, er tritt hinter sein Gesagtes zurück.

Seine Texte also können sein wie ein Selbstgespräch in verschiedenen Stimmen. Oder ein Gespräch zwischen dreien, die glauben, über das Gleiche zu reden. Oder ein Gespräch zwischen dreien, die über das Gleiche reden und sich nicht hören können.

Oft hat der Erste schon bemerkt: *Es ist Land in Sicht.* Und der Zweite: *Von den Planken ging es auf schwarzes Lavagestein*, während der Dritte noch sagt: *Endlich sahen wir in der Ferne die schwarzen Felsen.* Keine Steigerung, sondern ein unabsichtliches Unterbieten.

Schwere ist etwas, das das Gewicht außerhalb von sich hat. Bezogen auf einen Text hieße das: Er dreht sich um etwas, doch dieses Etwas ist außerhalb des Textes. Wie etwas, das auf den Boden fällt, um sich selbst kreisend, und alles mit sich zieht.

– so ist auch alles Sprechen über Schreiben immer eine Empörung, deren Gegenstand unsichtbar bleibt, eine Ereiferung über etwas, nach dem niemand gefragt hat. Eine gepflegte Schaumschlägerei, eine Geisterjagd.

[a u s l e s e]

„Die Weltgesundheitsorganisation schätzt, dass es weltweit etwa eine Million […] pro Jahr gibt und dass zehn- bis zwanzigmal so viele scheitern."[1]

„Innerhalb der OECD schwankte die […]Rate ([…] pro 100.000 Einwohner/Jahr) in den Jahren 1960 bis 2005 zwischen 11 und 16. Seit einem Spitzenwert von 16,0 im Jahr 1984 nahm die […]Rate stetig ab und stand 2005 bei 11,4. In der Europäischen Union begingen nach einer Meldung der EU-Kommission

1 es geht um ein denken, um ein sich erinnern nicht wieder wissen wollen oder lieber nichts. die erinnerung an eine wie sagt man . und das reden darüber. ein ins gestern schürfen, mit den bildern mit der zunge. die erinnerung an das reden über ihn der nicht da war, der da nicht ist. über die wie sagt man aber leerstelle wäre ein wort. wenn du mich aussprichst, bin ich schon fort. es geht um ein da fehlen mir die

aufbruch

und : wien verlassen, hinter sich und erstmals wieder mit dem zug richtung. also dahin, ein ruckeln und die hoffnung, dass er nicht stehenbleibt dass es ohne unter-brechung es muss so weitergehen und immer weiter jetzt reg dich nicht auf. der blick steht vor dem glas und die landschaft ganz ohne bäume, wie er froh ist oder bist du das wer ist denn das ein dahinfahren, wie auf schienen. wie auf wörtern. der zug als richtungsinstrument, den fahrschein als beweis und dann ein anderer ein anderes darf's was sein, nein, danke. aber zahlen möchte ich, nein, es sind nur zahlen es steht nur geschrieben aus zahlen mehr ist es nicht. die reizenden zahlenreihen wie sie zeilen bilden, aber auf den feldern die leere und furchen und raben. aber wenn der zug in graz ist und wieder zurück dann ist einer tot. jedes mal. jedes mal. jedes mal. aber du sagst dir, es sind nur zahlen und draußen jenseits der die leisen wiesen, pausen- und blumenlos was wird schon sein es dringt nicht durch, sie ist eine scheibe. schreib vom belauern der blauen ausschnitte, der eisige rahmen. das vorbeirauschen der

aus dem Jahr 2005 jährlich 58.000 Menschen […], wobei die meisten dieser Fälle von Personen begangen wurden, die an Depressionen litten. An anderen Todesursachen führt dieselbe Meldung jährlich 50.700 Verkehrstote und 5.350 Opfer von Gewaltverbrechen an.

In Österreich lag die […]Rate 2007 bei 15,7 (Männer: 23,8; Frauen: 7,4, das sind bei 8.405.500 Einwohnern 1319 […] im Jahr oder rund 3,6 geglückte […] pro Tag oder alle 6:40 h nimmt sich jemand das […]). Zum Vergleich: Am oberen Ende dieser OECD-Liste befindet sich Weißrussland mit 35,1 (Männer: 63,3; Frauen: 10,3), ganz unten St. Kitts und Nevis mit 0."[2]

---

bildschirme. das schimmern des fernsehfilms, das nerven des filmflimmerns, das verfilmen der nerven.

never sagt aber der rabe drinnen, draußen scheint es schneit es. er fährt doch nur, wie auf schienen

sagst du dir sechs stunden nichts   alle sechs stunden   alle sechs stunden _ _ _

und er bleibt, standbild aber es geht um ein aussteigen niemand ist wer ist niemand es ist nur eine zahl ein bahnsteig, da steht er kein geist und sein herz schlägt die uhr mit der regelmäßigkeit wie ein durchschnitt das kann man berechnen, das gibt wieder zahlen, das ist beruhigung. was ist eine zahl. es geht um ein kleben, außen am zug der blättrige lack wie ein blick vorne das lachen des glases ein losgehen, einer am anderen ein sich einhängen, ein brechendes knacken. und dann aber gleich du kannst nicht aus, du hast dich hier ausgesetzt, wie auf schienen, es geht hinauf, in ein oben wo du nicht hinwillst das willst du nicht. wo sie ins gebirge ein loch gegraben als gäbe es eine verbindung, ein das drinnen aus dem gedankengebilde herausschlürfen, mit der harke die haut aufgerissen ein hauen der mundwerkzeuge und das ist kein vorwurf, aber der rabe oder war es eine krähe. es ist nur ein bild das es nicht gibt, ein eines nichts gedenken nach hinten dem vergessen von gestern danken oder lieber nicht. ein im geäst der ja sagen wir bilder von gestern immer nur gast sein, sein müssen ich will es nicht fürchtet euch nicht. das ist es nicht es geht schon es geht durch die finsternis geht es bergab und die zahl sagt : es sind immer schon es geht schon jahre so es ist nur ein durchschnitt aber fünfzehn im jahr denkst du und die erinnerung und das ist schon   wie sagt   man   vielleicht viel. die zeitung jetzt liest du es wieder, ein im kopf haben in den zahlungen spüren, spitzenwert und über dem steiermark-schnitt und trotzdem ist völlig unklar, warum das so ist.

„Der Bezirk Mürzzuschlag weist die höchste […]Rate der Steiermark und eine der höchsten Österreichs auf – und dies schon seit vielen Jahren. Warum das so ist, lässt sich nicht so einfach feststellen. Im Durchschnitt der letzten Jahre begingen im Bezirk Mürzzuschlag alljährlich 15 Menschen […]. (Einwohner: 40.000; […]Rate: 37,5, d. i. ein höherer Wert als in Weißrussland.) Das ist, prozentuell gerechnet, um die Hälfte mehr als im Steiermark-Durchschnitt. Und auch der Nachbarbezirk Bruck liegt viel besser – sogar noch etwas unter dem Steiermark-Wert. Diesen Spitzenwert hat Mürzzuschlag seit Langem inne, trotzdem ist völlig unklar, warum das so ist."[3]

---

2 station : der freitod ist ein meister aus mürzzuschlag

aber das ist doch nur ein zitat, nein ich weiß es, es ist ein bandname und nur musik und von bedeuten kann keine rede, nein davon spricht man nicht ich weiß es nicht. das war der schulort oder ist er es jetzt. wie er am grab steht oder sagen wir unter den anderen, vorne oder da die zwei benenn sie nicht, kein gras es sind nur blumen die heutige grenze zwischen dir und mir und den blick gesenkt, man schaut nicht in die augen die müssen jetzt trauern das ist so. in den särgen jetzt die kinder, der vater anderswo, man weiß es ja die zeitungen schreiben es ja, das wort familientragödie steht geschrieben. was ist es fragt man sich, du dich. aber die mutter nein nicht mehr mutter wie sie weint jetzt neben dem bruder, aber du weißt, er wird zu den zwanzig prozent gehen, der apfel fällt nicht weit vom was ist der kern, kimme und korn, nein es wird heißen kopf korn kimme, er wird die pistole nehmen. nimmt er sie, hauptsache. typisch, kann man typisch sagen, aber es redet niemand wie die kinder geschwiegen haben als ob sie schliefen aber der mann, der mann. draußen noch der aufgekratzte gerstenacker von gestern, ein krähe vielleicht oder ist es der rabe. aber heuboden ist ein wort, das man sagen könnte und der durchschnitt spricht vom erhängen oder jeder zweite aber wenn es dich gibt und ein ich gibt, wer ist das dann wo fängt man an ich zähle nicht. ein in dir drinnen pendelnder schmerz oder das grobkörnige bild davon das es nicht gibt, nicht als spur aber der schweigende kinderchor der nicht singt hört mich denn keiner. lass mich aus, ich schau nicht auf ich stehe nur hier, aber ein spruch fällt mir ein : schläft die gattin außer haus, lösch ihr die familie aus.

„Die Zahl der […]Versuche kann wegen der schwierigen Datenerhebung nur geschätzt werden. Hochrechnungen haben für Österreich eine Zahl von rund 25.000 bis 30.000 […]Versuchen pro Jahr ergeben. Dabei handelt es sich vorwiegend um Vergiftungen (v. a. mit Alkohol) und Medikamentenüberdosierungen."[4]

„Die häufigste […]Methode bei Männern und Frauen in Österreich ist das Erhängen. Rund 40 % der […] von Frauen werden durch Erhängen begangen, 25 % durch Vergiften und 14 % durch Sturz aus

---

3 station : mitterdorf.

um ein sich annähern geht es aber geht das überhaupt worum geht es hier das haut nicht hin. aber mit dem zug, wie in die schule, jeden tag wie regelmäßig, die linie reißt nicht ab den hund an der leine verschlungener hort. man kann es erzählen es ist ein ticken ein ausschlagen nach beiden seiten, wann trifft es dich. wie der lehrer sagt, aber das lesen wir nicht, lassen wir das hat er nicht geschrieben daran denkt erst gar nicht es sind nur wörter aber wie er im raum steht mit, ich seh ihn doch aber nur oben , eine figur in der sagen wir lücke mit gelben hosen und blauem rock aber den lesen wir nicht, das ist nur der werther. reden wir über etwas anderes, reden wir nicht, wir reden nicht. die weißen zeichen an der tafel, was sagen sie. den mund zur kühle erziehen, bis er die glasige oberfläche nicht mehr küssen will er will es nicht. wer weiß denn was und die blicke gesenkt die stirn gefaltet, damit er nicht in die augen damit es dich nicht erwischt wer kommt als nächstes dran.

es ist ein hin- und herfahren, ein abtasten der schienen oder zwei zeilen die im weiß scheinen, es sind nein es gibt nur die stationen aber es gibt, nein denk nicht daran nur die stationen die statistik, wie die uhr oder sagt man pünktlichkeit aber bremst er jetzt und wieder ein chronisches zu spät kommen, in den unterricht nein es geht um ein sich hinlegen und die beine und die arme und wie das ausschaut aber du siehst es nicht, ihr seht es nicht. sehen nicht sehen, es geht um ein zweigleisiges fahren, sich ins fleisch schneiden es vor sich herschleifen, schneid es in schneit es in den scheiben wie glasige

der Höhe. Bei Männern erhängen sich fast 50 % der [...], ungefähr 20 % erschießen sich und rund 10 % Prozent vergiften sich."[5]

„Das Spiel ist gerade bei Pädagogen, die in der Schule tätig sind, sehr verbreitet. Sie spielen oder lassen es spielen, um in der Grundschule die deutsche Rechtschreibung zu festigen und später das fremdsprachige Vokabular zu üben. Auch in anderen Fächern ist es zum Erlernen von Fachbegriffen (Länder, Hauptstädte etc.) nützlich. Pädagogische Kritik gab und gibt es an der Darstellung eines [...]. Deshalb sind manche dazu übergegangen, anstatt des martialisch anmutenden mittelalterli-

---

augenblicke lauter jahre. weiter, gleisner. aber im kopf, oder wo aber oben das bild das es nicht gibt, es gibt kein bild man liest es nicht man sieht es nicht man sagt es nicht, aber fünfzehn im jahr ein stilles haus was wurde aus und kein bremsen. es geht immer so fort, nächste station und mehr und weiter und rhythmus ist ein wort und wer ist der nächste. und auf den klotüren aber darum geht es hier nicht, daran will ich mich nicht erinnern, das ist keine aber steht es geht nicht weg wie die sprache wunderbar reimt : wer vor einsamkeit nicht weiterweiß, der legt sich leise auf die gleis.

in der schule oder gestern draußen die gefurchten gerstenfelder, aber der stuhl als stuhl bedeutet oder sagt man ist aber vom sehen ist die aber es kann davon gar nicht die rede sein stuhl wie er da steht, und das sein ist die leere die unbesetztheit von der angst vorm sitzenbleiben ein leerer stuhl nur ein stück holz mit eingeritzter hautschrift, ein schiefer und vorne vielleicht der lehrer und unten oder drinnen irgendwo die oder deine lust das passt hier nicht das geht jetzt nicht wer fehlt. wer zählt die fehlstunden wer zählt wer schreibt die, entschuldigung.

wie du das ohr das hörst du nicht, aber legst es auf das eisen und die schwingungen, das spürt man schon das spürst du doch, aber wie lange wie lange. das gleißen des morgenlichts geißelt dich, auf gleisen geisterhaft steigt ein fußtritt in geiselhaft. bis sie schwinden und nur auf der außen, da bleibt die schürfwunde von den vom nach innen graben es ist ein rückschritt gleisnerisch, ein den mund verziehen ein im leib harken ein. aber das stimmt so nicht, das ist es nicht das haut nicht hin. es sind nur

chen Hinrichtungsinstruments einfach ein Tier oder andere harmlose Dinge, wie zum Beispiel eine Blume, zu zeichnen."[6]

---

zahlen, was ist das schon, was hast du denn. schläftst du schon, passt doch auf das ist die nördliche wie heißt das längstalfurche, eine wunde sagt man durch die alpen oder ein sich in den weg stellen oder ist es ein aufbäumen. wie er sie um den hals trägt wie würdevoll oder an den händen als zierde, aber das sind nur die sichtbaren, das sieht man doch lach doch nicht reiz mich nicht, das sagt man nicht . aber die unterhöhlten kalkberge oder was sind dolinen und wo kommt das wasser her von oben wo ist das dann, oder das drinnen das in dir drinnen, sagt man quellen oder narben.

4 station : the heart of darkness.

wenn es keine gleise mehr gibt, muss man ja was muss man dann andere methoden finden, also gehe ich es ist nicht weit. und die bäume ich sehe sie : sie sehen mich nicht, wie sie kahl und wie der schnee liegt. das heben des blickes oder ein aufschauen ein zurückschauen, als ob es den ort gäbe wie du in ein geschäft gehst oder auf den friedhof zum begräbnis. die reihen der erinnerungen, wo ist das ich find es nicht, vielleicht haben sie ihn nicht hier aber wo ist er denn wo ist sie denn, ich will sie nicht. darüber spricht man nicht, das weißt du doch das weiß man doch, leg dich leise in den schnee. wo man die spuren zieht, ein drinnen nichts mehr spüren sich leer stellen, wenn es doch kalt ist es geht schon. als blindes tier gegen die erddecke anschreiben von außen aber, in die weiße haut ritzen einkerben bis das blut das es nicht gibt, schrunde. einkehren das es nicht gibt oder an der grenze von gestern kratzen. schürfgeräu-

---

sche in der stille der krähen, bis am ende das harz aus der baumrinde, ungeschaut sagt er aber. aber es ist ein kessel, eine enge ein auf einander zudrücken, wo der blick nur nach unten geht wo die verschuldete fabrik steht wo man den kalk löscht wo die leere ihren schlund ausstellt wo . aber vom sommer, das glaubt man nicht, es ist nicht der herbst sagen wir wenn das laub fällt, es sind die schönen tage die schönen tage, wo die meisten. mit der lautschrift eine spur auf das blatt, als gruß. aber es sind nur zahlen oder namen, wie sie gehen oder leise sich hinlegen oder die ersten fallen. aber im sommer wie klein warst du ich weiß es nicht, ich hab es vergessen, das ist nicht mehr mein bild, ich kenn es nicht was weiß denn ich. wie wir gegangen sind aber der wald voller bäume und es geht um das unten, wo am boden die pilze sind wo die kinder auf verschlungenen pfaden da riecht es nach leben wegen des hinmetzelns der nester da spielt es sich ab und zu einem herum gehen ein kinder sein ein finden nicht finden. aber wie sie gefragt haben, sagen wir, vorsichtig fürchtet euch nicht und ich weiß es nicht nein habe ich nicht, wer ist denn schuld ich habe ihn nie gesehen, was ist denn bloß. ich habe ihn nie gesehen , aber jetzt weiß ich es : es ist jetzt dort drinnen, eine verschneite spur im leibgebirge, also schau verwegen nicht nach innen, schau nicht nach oben das himmelszelt der sterne der ernste blick nicht. es geht um ein kind sein und wie das leben so spielt meinetwegen und das reden der anderen und das schweigen der anderen, die es nicht gibt. das spüren im laub, für immer und leise. als sprächen sie über das wetter, die krähen hinter dem glasspiegel, aber das wird schon wieder : stirbt die oma vor dem mann, hängt er sich an dem baume an.

5 heimreise

aber es geht um ein nie immer die nächste station um ein fast oder nie ankommen, ein immer wieder umdrehen und heimdrehen wäre ein wort. ich habe ihn wer ist es, habe ihn nie gesehen, so sagst du es schreibst es auf löschpapier aber sprich mich nicht aus, dann bin ich schon fort wo ist er denn. es sind nur die schienen und der fahrplan, das ist so, aber wenn der zug stehen bleibt. wenn die zunge zum verstehen bleibt. dann liegt einer und wie es weitergeht und der nächste halt, wo ist denn nur wien. wie du müde wirst, aber von schlafen kann keine rede darf keine rede davon spricht man nicht, es war der vater mit heuboden und gerstenfeldern, das schlagen der kornkammer und die zeitung sagt eifersuchtsdrama aber was ist denn das, ist das der kern der geschichte was erlauben sie sich. verzeihen sie. aber wenn die kinder, es geht um ein kind sein, sagen wir schlafen, dann stehen sie nicht mehr auf glaub mir das. das glaub ich nicht, das kann nicht sein, das bild in mir drinnen ich will es nicht mehr. lösch es mir aus, es sind blinde löcher im bindegewebe der gedanken. aus denen chronisch die kalkmilch tropft, ich will das nach außen, mit der zunge nach außen schaufeln, ein maulwurf oder lieber die leerstellen mit zahlen füllen und fünfzehn was sind schon fünfzehn stark bleiben auf holz geklopft oder es sind nur schienen aber wer wird den blick heben in den karstbergen in gelber hose und blauem rock, wer wird in die baumkronen schauen wo die raben wohnen, schwarze äste im heute ein von oben herein hängender schmerz als bild das es nicht gibt, in die blätter wer wird sehnsüchtig auf die gezeichneten hände schauen oder in das da drinnen wer ist wer ist der nächste wer bist du denn. ich

---

habe ihn nie gesehen, aber die bäume sind voller laub. ich schaue nicht hin ich habe ihn nie gesehen aber ich weiß es : da ist er.

6 bis die bis eine zunge aus dem mund, den mund verziehen es ist nur ein spiel wie sagt man für kinder. es geht um ein zitterndes am strick hängen den verschleiernden trick das buchstabene tausch-beben ändern ein augen verschleuderndes hinschauen ungern ins gestern das weiß jedes kind, man spielt es _ _ _ _ man ist dem bild ganz nah wie feines korn. es sind nur zeichen, es ist ein lückenfüllen zweier sagen wir menschen er oder sie oder du oder ich fünfzig prozent aber fünfzehn ist eine hohe zahl ohne unterbrechung wie schienen, _ an _ manchen tagen ein innehalten der chronischen statio-nen, ein sich leer stellen das stimmt so nicht es wird schon gehen wer ist der nächste, sechs stunden noch bis einer hängt.

es geht um ein rückkehrendes abschließen, um ein vollenden des wollenden oder komm sag es ver-schlingend elegisch auf verschwindend jetzt englisch : to come full circle.
und im gesicht alte züge sehen oder die kalte haut abkratzen plus anhang bis die schichten abblättern pure windlöcher was ist ein loch was ist aber das schlichte klacken des fallenden erinnerunglackes, ein einschneien in die am boden liegende wasser lass es, wie ein schürfen durch die pulsporen ins kahle haus was wurde aus hineinspüren ins gestern gehen. aber darunter immer nur immer die neuen schichten, der vorgang auf gleisen zwischen kalten kacheln gestörte spiegel oder sagen wir blinde

fenster, das suchen der ernsten augenhöhle der stachel, sehnsüchtig als bild das es nicht gibt, als zün-gelndes lügen und poren die es nicht gibt, mit zügeln und sporen die es nicht gibt, die züge und spuren die es nicht gibt, in der geschichte die es nicht gibt, durchgehend durchgang, aber gedicht nicht : ich.

Mundart

Dies ist nicht die Entwicklung eines geschlossenen poetologischen Systems, sondern vielmehr ein Lokaltermin: Wo entspringt „das Schreiben", „die Stimme", „der Stoff". Schreiben kommt niemals ohne das Wissen, die Erfahrung, die Gesellschaft der anderen, des anderen aus. Nur Einzeller vermehren sich über Parthenogenese; beim Erzeugen eines literarischen Texts hingegen ist das Hinzukommen von Fremdem unerlässlich. Erst die Vermischung von Eigenem und Fremdem, eigentlich eine Verunstaltung, bringt die Gestalt hervor.

Ich möchte den folgenden Überlegungen ein Zitat aus Max Frischs – von Vormündern wird ohnehin noch die Rede sein – gerade erschienenem Band „Entwürfe zu einem dritten Tagebuch" vorausschicken:

Allgemein beneide ich jedermann, der eine Denkschule durchlaufen hat, gleichviel welche; ob als Jesuit oder Protestant oder Marxist oder Kabbalist; auch wenn später einer seine Position ändert, er bewegt sich in einem Koordinaten-System. Wenn ich mich in Begrifflichkeit einlasse, so schwimme ich und fuhle mich als Schwätzer, wobei es mich nicht erleichtert, wenn der andere auch ein Schwätzer ist, und das kommt vor. Ich bin auf Erfahrungen angewiesen, die mich begrifflich hilflos machen und von daher narrativ. Was sich nicht umsetzt ins Anschauliche, bleibt bei meiner Anlage immer uneigen.[1]

Am Wochenende wird gebügelt. Das sperrige Brett im Kinderzimmer aufgebaut, der Wäschekorb, randvoll, auf das Bett der ältesten Schwester gestellt. Das Einsprengen der steifen Wäschestücke mit der Sprühflasche ist, nachdem meine Zwillingsschwester diese auseinandergefaltet hat, meine Aufgabe, meine ältere Schwester behält die Übersicht.

Nach den Vorarbeiten nehmen wir Aufstellung neben der Mutter, die das dampfende Eisen auf die Wäsche niedersausen lässt wie ein Verhängnis.

Im Chor intonieren wir: **R**oland der **R**iese vorm **R**athaus zu B**r**emen. Die Mutter hebt das Eisen, sagt „noch mal" und lässt es zischen.

Wir, von vorn: **R**oland der **R**iese vorm **R**athaus usf.

So verliefen, jeden Samstag, unsere Ostpreußisch-Stunden; im Mittelpunkt stand immer das ostpreußische „r". Tief in der Kehle zu bilden, nicht wie das italienische oben am Gaumen, mit der gegen die obere Zahnreihe gedrückten Zunge: Rosso, rischio, rancore, amore.

Ähnlich wie beim Gurgeln mit Medizin oder Mundwasser verschluckten wir uns regelmäßig an diesem tückischen mütterlichen Buchstaben; heraus kamen Rolands, Riesen und Rathäuser ohne Musik, ohne Geschichte und ohne frisches Haff. Das

1 Max Frisch, *Entwürfe zu einem dritten Tagebuch*. Suhrkamp Verlag, Ffm., 2010, S.176

frische Haff war eine Landzunge, soviel wussten wir, eine Zunge, für die das ostpreußische „r“ kein Zungenbrecher war.

Das „r“ hatte mit der Großmutter, der Mutter und den Tanten im Januar 1945 die Flucht über das zugefrorene Haff bis Pillau überlebt, das „r“ war, anders als der Koffer mit den letzten Schätzen, nicht in einer der eisfreien Rinnen untergegangen. Deshalb leuchtete es zunächst ein, dass wir das „r“ gut behandeln mussten, es war mit knapper Not entronnen und war nun in Oberlahnstein am Rhein bei einem falschen Zungenschlag im Exil. Die anderen Kinder hatten mit dem „r“ kein Problem, besonders diejenigen nicht, die im Ahlerweg wohnten. Der grenzte zwar, wie die eigene Straße, die Nordallee, auch an den von einer hohen Mauer umgebenen Park der von Roehls, blieb aber gleichwohl unerreichbar. Der Ahlerweg war weiter weg als das Memeldelta, der Ahlerweg war weiter weg als die kurische Nehrung.

Der dämliche Ikea-Slogan der letzten Jahre bringt es auf den Punkt: Wir wohnten zwar in Oberlahnstein, aber wir lebten nicht dort.

Ein Spielplatz machte der eigenwilligen mütterlichen Geographie ein, zwei Jahre später einen Strich durch die Rechnung: Seine drei Zugänge öffneten sich demokratisch ausgewogen zum Ahlerweg, zur Nordallee und zum Park. Das Recht auf den Spielplatzbesuch war unbestreitbar, und es kam, wie es kommen musste: Zur Aufweichung, zum Kontakt, zur Vermischung. Im Singsang des rheinhessischen Gebabbels gingen die Unterschiede baden, das ostpreußische „r“ verschwamm und das norddeutsch steife „s-t“ der von Roehls betrank sich zum Vollmundigen „scht“. Vom Balkon aus konnte die Mutter den Spielplatz einsehen, aber nichts hören. Im neuen konspirativen Idiom, die Beine zur besseren Tarnung im Sandkasten eingebuddelt, murmelten wir einander die neuen Codes zu, *hoschrze mo*, Partisanenparolen statt Gehorsamsrallye am Bügelbrett. Im Spiel stellte sich heraus, dass es eine Wahl gab. Im Spiel desertierten wir allen Befehlshabern.

Wie frisch die Luft war.

Natürlich gab es Ausrutscher; bei den Mahlzeiten vor allen Dingen, dann wurde die Aussprache korrigiert oder, schwerwiegender, das Wort selbst verbannt. Erst nachts im Bett, in der geteilten Mansarde, ging der Aufstand weiter. Ich erinnere mich an kein bestimmtes Wort oder an ungewöhnliche Ausdrucksweisen; das Aufregende, ja, auch das Unflätige an diesem Reden lag in der völligen Abwesenheit vom Buchhalterischen: Die Sprache des Ahlerwegs, der Eisenbahnbähnerkinder, wie meine Mutter sie nannte, war köstlich ephemer, sie hielt einen Tag, schnappte am nächsten etwas auf, entließ am übernächsten schon wieder lauter neue Bastarde. Im Dialekt – vom griechischen dialégesthai, was so viel heißt wie „sich unterreden“, abgeleitet – ist das wichtigste Ferment nicht das konservatorische (das gibt es auch), sondern das vitale, also das verderbliche. In beiderlei Sinn des Worts.

Ein Vorfall brachte ein einziges Mal die beiden Welten in Kontakt: Ich hatte eine handgestrickte Jacke mit dicken Bommeln bei der Rutsche liegen lassen, sie kratzte

am Hals, ein verhasstes Kleidungsstück, das die gefühlte und erwünschte Verwegenheit torpedierte.
Ein Kind vom Ahlerweg hatte sie mit nach Hause genommen und war dann von seiner Mutter beordert worden, sie dem rechtmäßigen Eigentümer zurückzubringen. Das Mädchen stand auf der Schwelle zu unserer Wohnung, die Jacke in der Hand, meine Mutter vor sich, an den Wörtern würgend, die nicht über die Zunge gehen wollten. Der Blick auf die untere Türhälfte gerichtet, als ließe sich dort der einstudierte Text ablesen.
Meine Mutter nahm die Jacke, sagte „das ist aber sehr nett von dir" und schüttelte dem Kind die schlaffe Hand. Dann schickte sie mich in die Küche, um aus der Dose mit Süßigkeiten die Tüte mit den rosa und weißen Pfefferminz-Schokolinsen zu holen. Sie bat das Mädchen, ihre Hand aufzuhalten und schüttete ein paar Linsen hinein.
Ich schämte mich für den abgezählten Dank und erst recht dafür, dass meine Mutter, als das Kind stumm abgedreht war, die Jacke sofort in den Korb mit der schmutzigen Wäsche steckte. Und am meisten schämte ich mich dafür, dass ich kein Wort für sie eingelegt hatte. Kleinlaut statt vorlaut gewesen war. Erst als ich in unserer Mansarde auf dem Nachtspeicherofen saß, dessen rotes Licht zuverlässig Interesse signalisierte, traute ich mich zu protestieren: Roland der Scheißer vorm Scheißhaus zu Bremen.

Spät habe ich begriffen, dass die unsinnigen, tyrannischen und rührenden Versuche meiner Mutter bei ihren Töchtern das ostpreußische „r" gewissermaßen einzulegen – so wie man um der Haltbarkeit willen Gurken sauer einlegt –, nicht nur einem Dünkel entsprang, sondern eben auch dem Wunsch, ihre Kindheit, ihre Vergangenheit, ihre Beheimatung der nachfolgenden Generation als konkurrierende Wirklichkeit in den Mund zu legen. Umso mehr, als Krieg und Flucht diese abgebrochen hatten; so blieb sie paradoxerweise gültig, jedem zeitlichen Korrektiv entrückt, im Formalin der Erinnerung erstarrt. Die Folge dieser Übertragung war für das Kind eine Virtualisierung der eigenen (unspektakulären) Gegenwart, alles Eigentliche, alles Wichtige spielte sich nach Maßgabe der Mutter nicht in den Flussniederungen der Lahn ab, sondern im importierten, verlorenen Ostpreußen. Wenn die Wirklichkeit nicht galt, dann folgte daraus quasi automatisch eine wundersame Aufwertung der Erfindungen. Als Kind wurde diese Lizenz zum wilden Geschichtenerzählen ausgenutzt, zum Erfinden von Brüdern, vom heimlichem Übertritt zum Katholizismus, Entführung in den Süden (genauer musste ich es nicht wissen, Nicht-Osten, das reichte) durch einen Züchter von Arabern. Pferde, genauer gesagt Araber, waren nicht nur mein Aufgebot gegen die übermächtige Konkurrenz der ostpreußischen Trakehner, sondern fesselten mich auch, weil ihre Fohlen schwarz auf die Welt kommen und im Laufe der Zeit weiß werden – einfach so, von allein! Nicht nur eine vorgesehene, nein, auch eine unbeanstandete, nicht beargwöhnte, eine gewünschte Veränderung. Das gab es also.

Selbstredend ist das ostpreußische „r" noch eine der hübscheren Indoktrinierungen, die übrigen, für welche die Schule, Hormone und andere Botenstoffe sorgten, setzen sich nicht minder ausdauernd im Gewebe fest und eignen sich weniger für Anekdoten.
Vermutlich war aus diesem Grund die Erfahrung so triumphal, die ich mit der neuen Textur, dem Geschriebenen nämlich, machte: Im Gesponnenen ist alles noch enthalten, als Unreinheit, als Aufgerauhtes, als mehrfach Geflicktes und Verblichenes. Aber es lässt sich ver- und bearbeiten, anders färben, es mausert sich zu neuen Mustern, es verknüpft sich mit Neuem und Fremdem. Das schwarze Fohlen wird weiß. Im Geschriebenen ist, wie im Dialekt, nichts fixiert, nur der Handschrift verhaftet, einer Handschrift, die Vereinbarungen gehorcht und sie doch ganz anders ausspricht. Auch hier ein Spielplatz, auch hier viele Stimmen, im Wispern liiert, auch hier Subversion und hybride Wechselbälger, sandgeboren, die den Zensoren, auch den inneren, entgehen, Camouflage-Genies.
Wie wächst einem der Schnabel als Erwachsener? Nein, nicht ostpreußisch und auch nicht rheinhessisch. Dialekt ist die Summe aus Region und Person. Ich habe den Dialekt verlernt; eine ausgesprochen merkwürdige Erfahrung. Zugunsten einer Fremdsprache und eines Auslands, der Schrift, dem Schreiben. Bereits zuvor habe ich erfahren – in Italien, in Amerika – dass ich mich in die fremden Sprachen einfühlen, sie mir anverwandeln kann, meine Zunge ist in fremden Kehlen ein geübter blinder Passagier, sie macht sich, wenn sie spricht, nicht verdächtig – aber Dialekt, irgendeinen oder den meiner Kindheit: Nein. Es geht nicht mehr. Das hat wohl mit Freiheit zu tun, mit einer Freiheit, die ihre Herkunft aus der Unfreiheit, aus dem Diktat nicht vergisst, aber nun die Souffleure entlassen oder einsetzen kann fast nach Belieben. Ich **schreibe** nun wie mir der Schnabel gewachsen ist; vielmehr: Er wächst mir beim Schreiben. Das Schreiben ist meine Mundart. In der Mundart bildet sich die Stimme, die Mundart erhebt Einspruch gegen die dominanten Drehbücher, die vorgeschriebenen Libretti, die Riesen und die Rolands. Auch indem sie sie verschluckt; zu Leibeigenen macht. Das „r" rumort weiter, aber den Wortlaut entscheide ich. Die Mundart entspringt dem Körper, das heißt sie ist lebendig und verderblich wie das längst verhallte Kindergewisper im Sandkasten und wie der Körper, dem sie entkommt. In diesem Entkommen aber, in der Entäußerung und in der Entbindung vom Körper liegt ihre Autarkie und ersteht ihre Fremdheit aufs Neue. Echte Mundart hinterlässt ein Kunststück. Im Glücksfall in der Muttersprache des Lesers.

Vormundschaften

Mein Vater schaffte das erste Fernsehgerät in den siebziger Jahren an, kurz vor meinem Auszug. Da wohnten wir bereits in der Groß- und Landeshauptstadt, in Mainz. In der Provinz kam man ohne Fernsicht aus. Die Vermieter, die im Stockwerk unter uns lebten, waren im Besitz eines Apparats (hatten allerdings auch keinen Umzug in Aussicht), und

ich erinnere mich an die erste Fernsehsendung, zwischen Tür und Angel bei den Axens verharrend, zu denen meine Mutter mich mit irgendeinem Auftrag geschickt hatte. Der flimmernde Bildschirm im Halbdunkel des pompösen Wohnzimmers. In der Sendung ging es um die Lappen, die im äußersten Norden Finnlands leben. Ein junge Mutter, ihren Säugling im Arm, beide in fellartige Tücher gehüllt, fütterte ihr Kind mit einer Art Brei, den sie ihm von Mund zu Mund einflößte. Der Sprecher erklärte, dass die Lappen die Nahrung ihrer Kinder vorkauten, vorverdauten mit den Enzymen, die der Speichel enthält. Ich war hingerissen und abgestoßen zugleich.
Das Praktische an dem Verfahren wurde gelobt, weil sich Kochen oder andere Formen der Erhitzung und Zubereitung erübrigten. Dann schloss Frau Ax die Tür, ich erledigte meinen Auftrag und stieg durch Bohnerwachsschwaden in den ersten Stock zurück.
Jahrzehnte später sollte ich in Kiel, im Rahmen einer Poetik-Dozentur, drei Vorlesungen halten – und da erwies sich dieser (heimliche) Einblick als Schlüsselmoment, als Ursprungsmythos. Der Keim ging auf: *Poetischer Stoffwechsel Erinnern Vergessen Korrespondieren* nannte ich meine Ausführungen zur Frage wie ernährt sich, wer ernährt den Sprachkörper, was steht am Ende des Metabolismus? Man sieht, das Thema hat mich nicht losgelassen; hier allerdings steht das Akustische, stehen die Anklänge, steht der Wortlaut, der Resonanzkörper im Mittelpunkt.
Anverwandlung braucht Fremdheit und Verwandtheit, ich habe versucht, dass am Beispiel der Mundart auszuführen.
Das Füttern hört ungefähr zu dem Zeitpunkt auf, an dem das Kind sprachmächtig wird. Zur Nahrungskette gehören, wenig später, die Lektüren, von Mund zu Mund, wie gehabt. Echte Leibspeisen. Diese Vormünder sind nun selbst gewählt, man betet ihnen übrigens nichts nach, das Einverleibte ist Fremdes und Eigenes zugleich. So erfährt man sich selbst. Zwei solcher Vormundschaften will ein wenig ausführen:

Ach, ich trage mein Herz mit mir herum, wie ein nördliches Land den Keim einer Südfrucht. Es treibt und treibt, und es kann nicht reifen – Denn Menschen lassen sich, wie Metalle, zwar formen so lange sie warm sind; aber jede Berührung wirkt wieder anders auf sie ein, und nur wenn sie erkalten, wird ihre Gestalt bleibend.

Das schreibt Heinrich von Kleist am 29. Juli 1801 an Adolfine von Werdeck, eine mütterliche Freundin. Überträgt man seine Metapher aus dem Bereich der zwischenmenschlichen Beziehungen auf den Schreibvorgang, lässt sich feststellen: Beim Schreiben, während des Formens, herrscht Körpertemperatur, in der notwendig folgenden und immer schon vorweggenommenen Erkaltung, im Artefaktischen, auf das es hinaus will, gewinnt es Gestalt. Jetzt ist der Text lesbar, jetzt kann er aufgenommen werden. Bei der Lektüre entsteht Reibungswärme, und das Gestaltete, Statische wird erneut dynamisch oder elastisch.

Wie sehr Kleist mein Vormund – einer meiner Vormünder – war und ist, wurde mir deutlich, als aus dem vagen Vorsatz, Ulrike Meinhof in einem Roman zur Figur zu machen – einem Roman, der über Geschichtskonfektionierungen und kollektive Erinnerungsformate nachdenken, mit ihnen brechen sollte – ein konkretes Vorhaben wurde. Da war Kleist zur Stelle, mit seiner ungeheuren Fähigkeit, Gewalt und Rigorismus aus und mit der Sprache zu meißeln, erfahrbar zu machen, durch die Wucht und Zartheit seiner Wortgebilde. Die Meinhof war unversehens da als seine Figur, als Adressatin seines Selbstgesprächs, seine Sprengsätze gegen ihren Sprengsatz – die formale Entscheidung für den Briefroman, aus einer Kollision geboren, wurde zwingend. Auch ich gehöre zu den Kollisionspartnern. Was nicht ausschließt, dass wir uns liegen, dass wir ein Anliegen teilen. Ein Vormund, der etwas taugt, stellt die eigenen brennenden Fragen, er hilft auszusprechen, was man wissen möchte, das habe ich begriffen. Er wird zum furchtlosen Übersetzer der eigenen Fingerspitzen. Zur Anschauung ein kurzes Zitat aus der *Helligkeit der Nacht*:

morgens um fünf, also bereits am 5. April

In Ihrem Brief, den ich im Traum erhielt, sagten Sie mir, ich sei mädchenhaft. Im Äußeren, in der Sprache eine Frau. Sonderbar, wunderbar! So ergeben wir mit den Beimischungen überkreuz doch ein Paar. Wie habe ich es gehofft. Wie fürchte ich es.

Die Welt ist still um mich herum, noch ist es finster, der Tag wird ausgebrütet und in weniger als einer Stunde über uns hereinbrechen; in meinem Fenster keine Spiegelung, obwohl ich mich rege – aber was schert es einen wie mich. Ich fühle mich lebendig in den Auf- und Abschwüngen der Schrift, den Tränen und Träumen aus erdachter Tinte.

Sie Phantast! höre ich Sie ausrufen. Sie haben keine Ahnung! Sie schritten nie zur Tat! Außer der einen, letzten. Sehr wohl, ich phantasiere und bilde mir ein, ich verleibe mir alles ein und gebe es solange nicht her, bis es eine Gestalt hat, die begreiflich ist. Also bei und durch Berührung einleuchtet. Deswegen muss ich Anteil an Ihnen nehmen, Sie sind mein Fall.

Mein Fall ist auch Ingeborg Bachmann, auch sie ist ein Vormund. Lassen Sie mich – beinah zum Schluß – einen kleinen Text vortragen, den ich zu ihrem 75. Geburtstag, 2001, schrieb: Ich traf sie zum *Nachmittagstee in der Via bocca di leone*:

I.B. deutete lachend auf meine lila, hellgrün und rosa gemusterte Tunika: Wir sind komplementär! sagte sie und zog ihre, beide Hände am Saum, zum Beweis in die Länge, so dass sie dastand wie Sterntaler mit der Schürze. Als könnten Worte hinabfallen und sie reich machen.

Es war ein sehr heißer Julitag, der schwieg *still wie die Wüste*, die Sonne hoch am Himmel. Rom vibrierte, das sah man an den Oleanderblüten, die, bei völliger Windstille, kaum wahrnehmbar zitterten: Im Takt der Stadt.

Auf dem porösen, gepflasterten Terrassenboden verdunstete gerade ein Gedicht: Ich hab's mit dem Wasserschlauch geschrieben, sagte I.B. und wies auf den langen Gartenschlauch, der wie eine zusammengeringelte Anaconda in der Ecke lauerte.

zwischen Rosen und Schatten in einem fremden Wasser mein Schatten

In fünf Minuten, spätestens, wird die Sonne es gelöscht haben.

Es lichtet sich, sagte ich und trat zum Tisch, weg von den Rosen unter meinen Füßen. Aber es kehrt mit jedem Regen zurück.

Wir setzten uns an den kleinen Tisch, der auf sehr dünnen Beinen die dickbauchige Teekanne und Zuckerdose stemmte und bei jedem Umrühren die Knie durchdrückte, standhaft. Eigentlich, sagte ich, herrscht hier dasselbe Licht wie in Kärnten, so – I.B. beugte sich zu mir und leerte einen gehäuften Löffel Zucker in meine Tasse – so großzügig, so mit vollen Händen ausgeschüttet.

Rationiert wird in diesem Land nichts, das stimmt, und wenn Sie statt Kärnten *Carinzia* sagen, dann gebe ich Ihnen recht. *Denn dies bleibt doch: sich anstrengen mit der schlechten Sprache, die wir vorfinden, auf diese eine Sprache hin, die noch nie regiert hat, die aber unsere Ahnung regiert und die wir nachahmen.* Manchmal, I.B. lächelte, manchmal hilft das Ausweichen in einen eingeborenen Klang, der nicht der angeborene ist.

Ich lächelte zurück, auf unseren Scheiteln brannte die Sonne, wir schlürften den heißen Tee aus den Porzellantässchen mit aufgemalter mittelalterlicher Stadtansicht – ein Fachwerkhaus, ein Marktplatz, ein Brunnen – ist das nicht ein *pretext*, eine Ausrede, fragte ich, ach, sagte I.B., Asyle unterscheiden sich natürlich, die englischen sind weniger gastlich. Und die echten Behausungen, die, welche wir nur ahnen, die, welche wir gerne bieten würden, die, welche nicht nur Herberge, sondern auch Bollwerk wären, ja, die … Sie machte eine Handbewegung in Richtung des verblassten Gedichts.

Was machen Sie beruflich? Tee wurde nachgeschenkt.

Ich dolmetsche, antwortete ich, trank in weniger vorsichtigen Schlucken den mittlerweile lauwarmen Tee aus dem Brunnentässchen, in Rom bin ich zum Vergnügen. *Vacanze*, Leere. Ein gutes Gefühl.

Man kann doch nicht über dem Herumziehen in allen Sprachen und Gegenden das Weinen verlernt haben, I.B. schaute mich auffordernd über den Tassenrand an, beinahe zornig.

Aber auch an einem Ort zu bleiben hilft ja nichts – ich stellte meine Tasse heftig ab – hat ja keine Bedeutung. Grenzen trennen, Grenzen schützen. Traum: Überschreitung der Grenzen. Trauma: Missachtung der Grenzen. Alles müssen wir selbst laden, irgendwie, gut oder schlecht, die Pole sind frei, ein semantisches Niemandsland.

I.B. nickte ein bisschen, ja, das ist alles noch gar nicht lange her, das wildgewordene Arbiträre und das höllisch Zwingende, das es, im Anschluss, ergab. Sie zeigte wieder auf die in der Sonne längst verdörrte Textstelle, *soll ich ermitteln die Liebhaberwerte unserer Konsonanten?* Dann doch lieber dolmetschen! Man kennt sich nicht aus, und das gibt man mit auf den Weg: tutte le direzioni, nicht schlecht als Orientierung. Als wir uns mit einer synchronen Bewegung eine Haarsträhne hinters Ohr legten, mussten wir lachen, und I.B. fragte: Schreiben Sie eigentlich mit? Sind Sie mehr eine Leserin? Oder haben Sie einen Auftrag?

Das, erwiderte ich, weiß ich selbst nicht so recht. Vermutlich muss ich auf alle Fragen mit Ja antworten, dann ist es schon beinah die ganze Wahrheit. Bei Nein käme übrigens dasselbe heraus.

Über dem Oleanderbusch mit seinen dolchspitzen, dunkelgrünen Blättern taumelte eine Schar Schmetterlinge, gelblich die meisten, einige mit wild-psychedelischer Musterung auf den Flügeln. Wie zufällig ließen sie sich, wenn sie sie streiften, kurz auf den Blüten nieder – dass sie mit ihren Rüsseln Nektar saugten, geschah unsichtbar geschwind. Vor unseren Augen, für unsere Augen war es bloß ein Tanz, ein Juli-Fest, eine Sommer-Liturgie.

Parla italiano?

Bevor ich antworten konnte, winkte sie ab, trat an den Rand der Terrasse und hielt sich statt der Augen die Ohren zu, dort, wo die *Sprachbrüche stattfanden*.

Sie klopfte die Asche von ihrer Zigarette, wir setzten uns nebeneinander, die Gesichter zur tiefer stehenden Sonne gewandt, die Arme matt auf den Lehnen, die Tunikas müde.

Jetzt, da wir schwiegen, trommelte Rom, jetzt, da wir schwiegen, wisperte Galicien. Jetzt, da wir schwiegen, hörte man die Schmetterlinge fliegen.

Zum Glück sind die Dolmetscher entlassen.

Sagte ich? Sagte sie? Wer will das schon unterscheiden auf einer Terrasse in Rom, im Juli, mitten im Leben, die grünen Fensterläden heiter, vom Beschatten nicht im Geringsten erschöpft.

Lautsprecher und Wortschätze

Das Beschatten geht weiter, mit jedem Projekt, das Behelligen auch. Schreiben ist Kontrabande (mit der Geheimsprache Mundart) Lauschangriff und Abhöraktion (der Vormünder), Schreiben ist Schwarzarbeit. Auf weiß, also sichtbar. Es gibt das Unsägliche, das Unaussprechliche – aber nicht das Unschreibbare. In der Mundart ist alles erlaubt, und ein Vormund ist das Antidot gegen den Zensor. Wie gut. Die Figuren, die wir formen, gestalten und beleben sind unsere Lautsprecher, unsere Verstärker, auch beim leisen Lesen, sie verlautbaren all das, was sich in unseren Resonanzkörpern eingelagert hat, darunter viele nie gehörte Stimmen, die sich erst auf dem Papier zu Wort melden. (Nicht jeder Vormund gibt sich zu erkennen). Und selbstverständlich nimmt man neben den Leibspeisen auch noch jede Menge Plankton auf. Gottlob.

Von der armen Nymphe Echo blieb allein die Stimme luftig zurück, während ihr Körper zerrann, aus Mangel an Erwiderung verblich, verging, verschwand. Schreibend dagegen erfährt man die Toten, schreibend erhält man Gesellschaft, schreibend paart man sich mit dem Wort-Schatz.

Dem Leser sei Dank. Denn er spiegelt sich, anders als Narziss, im aufgeschlagenen Buch.

Lukewarm I

EINE ARMIERUNG ODER BEWEHRUNG IST DIE VERSTÄRKUNG EINES OBJEKTS DURCH EIN ANDERES

Für Trailer Buhre

Als wir vor der Lechze saßen
        – leer vom Sehnen
strömten Hackheels auf dem Kopfstein
vorbei
dass es nachhallte
ähnlich der Schwingpflockung von Stelen
dem Klang stürzender Eisendrähte
ganzer Armierungen
auf den Baustellen des Prospektionslandes

Matt war mir vorm Hetärenaltar
        – Palmers ging so
        – Agent P. zu overt
Nur die alteingesessenen
Geschäfte
zeigten Ist und Versprechen
spannend
verdeckten und öffneten gleichermaßen
Schenkel mit Lingerie
Linger thought! – verweile doch

Und weißt du, Kathrein
die Stadt ist ein Knattern
ein Buzzlärm
ein Hauch
Ist hastiges Stolpern
über Gelegenheiten
zu koscheren Dramen
Ist Insektenvernichtung
Laufmasche
Kläglichkeit

Die Dinge trotzen dem Verlangen
Trotzen auch dem, der verweilt
verstärken sich vice versa
Werden Armierung

Noch einmal Äonen
Zwei Zigaretten
Feinwaschmittel
Undercuts
Stretchbodies!
        – nunc est bibendum

Lukewarm II

Und ein Rauschen war
als ob der arktische Kreis
in einer Feuerwalze verginge
Wale sanken auf Meeräcker
Monde spielten Frisbee
Gebirgsschützen küssten in Darkrooms Schweiß von Putzwänden
polnische Matrosen hechteten im Elbnebel
von Bord schwarzer Lastkähne
während Mädchen am Ufer rannten
schwingend die Röcke mit Polka Dots
hatten Bastkörbchen mit für die Schwimmer

Während Hipster der Struktur auf Eames-Stühlchen
        – mit stockendem Samen
verschanzt hinter dicken Brillen
vor und zurück addierten
die kaskadischen Logismen von Blog Press Defilees
und zitternd Bedeutungen aufsagten – *(ja, das klingt obskur)*
und schliefen
dann schliefen
in den neuen Morgen einer alten Nacht
in den Aufgang des Untergangs

– Nunc est bibendum mehr – MEHR – und nicht ans Telefon gehn

Leerstellen der Nacht
Stelen der Furcht
auf einem kleinen Leichtmetall-Stühlchen
Im mittleren Europa
wo ich
mein Herr
der schreckliche Statthalter der Reflexion
die Zelte aufschlug
        um zu weiden

Ich habe kein Sex mehr, ich habe nur Träume

OSTPOLKA – und wir sind überall schon gewesen

Yeah, Luv! die Liebe, das brennende Ding
Nach einem sexy Zusammenbruch um 02:17
waren mir Jagdszenen aus Niederbayern:

Märzenten gatteten in Gräben
ihr Schnattern war Triangulierung
Rivalen im Hassmond
Raven im Ismus
auf den Grünwiesen der Nacht
unter feinen Kerosinnetzen des Parcel-Airports

Husten, Schleimschöpfen dann
Kippchen
Und anklagend:
Aber Zeugen hab ich, Mädchen
auch für dein kleines Tun
– In Discoabgründen
– Über Sternunterführungen
– dein hetärisches Kreischen
– deine porneske Goldscham
Auf den Couchwiesen der dubstep-rotation
Da wollte ich dir nicht Stellung halten
den Schempaig keltern
da musste ich raus
– mir selbst genug sein
Stolperte voran, pausbackig, blöd und versoffen
bis dort: – Die Havel
ein einsamer Kahn
schlickend an Birnenbaumufer
– und schwer der Duft in den Auen
– und ja nicht arm sterben
Lemuren im Hirnbaumspiel
Keckernd um 02:18
der Kahn wippt Cokecans, Müll und Verwesung
ans Ufer heran – in den Brackbruch der Nacht
keinen Stretchpalm, my darling
beim Pumpen verloren
in der Sternchenverstrickung der neuen Lande
in den Säumen der Kleidchen von Möglichkeit

Lass die Märzenten schlafen,
Amor Reflector,
lass sie ziehen Bel Beer –
du lustiger Schwindler

Denk ich. Denk ich. Denk ich...

GEH HEIM!
A
hidden love
far greater beyond your Wimpern lies
wenn du schläfst, Liebes
– eingeschlagen in die Kieselbrandung meiner deutschen Träume.

Resumé

ich war erst vor einigen Wochen in die Stadt gekommen. ich brauchte Abstand von Zuhause, um in Ruhe meine Dissertation über die Auswirkungen der Autophagozytose auf das menschliche Immunsystem zu beenden. die Arbeit im Labor war getan, die Daten waren ausgewertet und auch den größten Teil der Niederschrift hatte ich bereits zu Hause erledigt. einzig das Resumé stand noch aus. dafür mußte ich aber nicht an Ort und Stelle bleiben, also beschloß ich, mir in der Stadt ein Zimmer zu suchen. zur Not in einer Wohngemeinschaft, mein Budget war begrenzt. ich fand dann auch sehr schnell ein Zimmer. das Angebot war verlockend: die Miete war erstaunlich niedrig und mein vermeintlicher Mitbewohner schien unkompliziert zu sein. noch am Telephon sagte ich zu. wenige Tage später schickte er mir den Schlüssel mit der Post, dazu eine kurze Nachricht: ich solle kommen, wann ich wolle. das Zimmer gegenüber der Küche sei meines. er sei momentan sehr beschäftigt und habe keine Zeit, mir am Tag meines Einzugs die Tür zu öffnen. natürlich wunderte ich mich darüber, machte mir aber weiter nichts daraus. ich wollte meine Ruhe haben und er schien mir dabei schon im Voraus entgegenzukommen

und kurioser noch als der Umstand der Schlüsselübergabe war vielmehr, dass wir weder am Telephon noch nach meinem Einzug jemals unsere Namen austauschten, wie wir nie viel und genau genommen gar nicht miteinander sprachen. ich wußte nichts von ihm, weder was er arbeitete, noch wie alt er war oder sonst irgendetwas aus seinem Leben. er wußte ebenso wenig von mir. er war er, ich ich. das genügte. und trotzdem wir nicht miteinander redeten und uns in der Wohnung praktisch kaum über den Weg liefen außer in der Küche, prägte sich mir sein Bild schon sehr bald überdeutlich ein. denn bei jeder meiner Mahlzeiten saß er mir gegenüber

er trug dann immer ein schwarzes Hemd, welches seine blasse Haut zur Geltung brachte. mager saß er am Tisch, mager, aber nicht schwach. mager auch sein Blick – aber seine Augen schienen das Essen, welches ich mir auflud, gar nicht wahrzunehmen. sein Teller blieb stets leer. er verzog keine Miene, während ich aß. aus alter Gewohnheit deckte ich für ihn mit, obwohl ich schon bald wußte, dass sich sein Ritual Tag für Tag wiederholte. sein Besteck brachte er selbst mit. es bestand aus einer Gabel mit sehr langen Zacken, die er blank poliert und in eine Serviette eingeschlagen bei sich trug. mit Sorgfalt befreite er jedes Mal die Gabel, faltete die Serviette und legte die Gabel darauf. in diesem Moment schien er zufrieden und blieb so. meine anfänglichen Versuche, ihm etwas von dem Essen anzubieten, quittierte er mit einem Kopfschütteln, und mit der Zeit bekam ich Angst, sein spitzer Adamsapfel könne dabei die Haut an seinem Hals durchreißen. also schwieg ich fortan

„es ist ja nicht so, dass ich keinen Hunger habe", sagte er einmal kaum hörbar zwischen zwei meiner Bissen. die Worte bereiteten ihm große Mühe, sie schienen ihn aufzuzehren. ich hörte auf zu kauen, mir wurde das Schlucken schwer. es war keine

Entschuldigung, keine Ausrede. und vielmehr als mit mir schien er mit sich selbst zu reden. eine Feststellung, die keinen Zweifel zuließ. danach kam nichts mehr

ein andermal aber nahm er seine Gabel auf und stach mit ihr auf den blanken Teller, als wollte er ein Stück Fleisch aufspießen; und die Zacken der Gabel schienen tatsächlich einen Widerstand zu überbrücken – Muskelfasern, Knorpel und Sehnen; seine dürren mehr Knochen als Finger liefen weiß an und behutsam, aber unnatürlich verrenkt führte er die Gabel in hohem Bogen vom Teller zum offenen Mund, steckte sie hinein und streifte das unsichtbare Stück ab

während ich das Zimmer verließ, begann er zu kauen

nach diesem letzten Vorfall vermied ich es, mich in der Küche aufzuhalten. ich wollte einer weiteren einseitigen Mahlzeit mit ihm aus dem Weg gehen, zu unheimlich war mir die letzte gewesen. mir wurde schlecht bei dem Gedanken daran und ich hatte Angst, etwas Ähnliches noch einmal zu erleben. die Unbedingtheit seines Nicht-Essens schlug mir auf den Magen. bei jeder Mahlzeit mußte ich an ihn denken, sodass ich kaum einen Bissen herunterbrachte

in meinem Bemühen, die Küche zu umgehen, besuchte ich mittags fortan die Restaurants in der Stadt. abends nahm ich nur etwas Obst mit auf mein Zimmer. sein Zimmer blieb stumm wie je und erst jetzt fiel mir auf, dass ich ihn nie außerhalb der Küche gesehen hatte. auch hatte ich nie gesehen, wie er hereingekommen war. wenn das Essen fertig war und ich kurz in meinem Zimmer noch ein zwei Sätze niederschreiben wollte, schlich er sich offenbar hinter meinem Rücken hinein. jedenfalls saß er dann schon am Tisch, seine Gabel zur Rechten. auch sah ich ihn nie die Küche verlassen. nach dem Essen war ich immer der Erste, der aufstand, um in meinem Zimmer weiterzuarbeiten oder noch spazieren zu gehen. kam ich dann wieder, war die Küche sauber und aufgeräumt, der Abwasch war erledigt und von ihm fehlte jede Spur

ich hatte die Küche nun schon seit Wochen nicht mehr betreten. seitdem hatte ich ihn weder gesehen noch gehört. mit dem Resumé für meine Dissertation war ich nur schleppend vorangekommen. ich war zu sehr damit beschäftigt gewesen, mich tagsüber in der Stadt aufzuhalten, um ihm nicht zu begegnen. einmal traute ich mich dann doch wieder in die Küche. ich suchte eine Tabelle mit Meßwerten, die ich schon vor langer Zeit irgendwohin verlegt haben mußte und die ich jetzt dringend brauchte. ich nahm all meinen Mut zusammen, öffnete vorsichtig die Küchentür und ging langsam hinein. hier hatte sich nichts verändert seit der letzten Mahlzeit. der Herd war fleckenlos und auf dem Boden kein Staub. nirgendwo Brotkrumen oder Saucenspritzer – ein steriler Ort. als sei hier noch nie gekocht worden, geschweige denn gegessen. ich wollte schon wieder hinausgehen, als ich auf dem Tisch doch etwas bemerkte. es konnte kein Zweifel sein: da lag seine Gabel auf der Serviette und blinkte mich an. zwischen ihre Zacken war ein Zettel geschoben. ich nahm ihn auf, doch anstelle der für mein Resumé so wichtigen Zahlen, fand ich nur eine knappe Notiz von ihm: er habe seine Arbeit hier erledigt und müsse weiter. die Gabel solle ich behalten. ich könne sie sicher besser gebrauchen als er

er war also weg. wie lange schon? wie lang lebte ich hier schon allein, ohne es zu wissen? als ich den Zettel weglegte, blinkte mich die Gabel wieder an. von jeder einzelnen Zackenspitze funkelte es mir entgegen. ich mußte blinzeln. meine Augen gewöhnten sich nur langsam an das grelle Licht. und als ich wieder klarer sehen konnte, tauchte plötzlich sein Gesicht vor mir auf: wie er mit dieser verdrehten Geste die leere Gabel in seinen Mund führt. ich konnte den Anblick nur schwer ertragen und rannte aus der Küche. anderntags beschloß ich, ihm die Gabel nachzuschicken. aber da ich gar keine andere Adresse von ihm hatte als meine eigene, blieb die Gabel dort, wo sie war. ich konnte sie auch nicht wegschmeißen. schon hatte sie die Küche unter ihre Kontrolle gebracht und versperrte mir durch sein Bild, welches sie in mir heraufbeschwor, jeden weiteren Zugang. sie hielt mich außerhalb gefangen und ließ mich ihre Macht spüren. sobald ich mich der Küche näherte, blinkte sie mir durch das Glas der Küchentür entgegen – augenblicklich sah ich ihn vor meinen Augen: nichtessend essen, mit verdrehten Gliedern und stumpfen Augen. und da ich auf dem Weg zwischen meinem Zimmer und der Wohnungstür zwangsläufig an der Küche vorbei mußte, wurde mir auch der Flur zu einem grausamen Ort. wo ich mich auch in der Wohnung aufhielt, ich bekam ihn nicht mehr aus dem Kopf. in dieser verfluchten Gabel schien er sich zu verstecken und weil sie sich der Wohnung mehr und mehr bemächtigte, gab es auch vor dem Gedanken an ihn kein Entkommen, sobald ich zu Hause war. allein in meinem Zimmer schien ich halbwegs sicher zu sein. doch wenn ich nachts nach Hause kam und es von der Türschwelle über den Flur gerade noch in mein Zimmer schaffte, fand ich aus Angst, sie könne ihre Macht auch auf mein Zimmer ausüben, nur schwer Schlaf. wie ein Bleigewicht drückte mich die Müdigkeit schließlich für kurze Stunden auf mein Bett. die Träume dann waren ungreifbar und doch waren sie deutlich: ich befand mich stets in freiem Fall und versuchte vergeblich, mich an riesigen Metallgestängen, die im dunklen Raum unsichtbar aufgehängt waren, festzuhalten. immer wieder griff ich ins Leere oder, falls es mir gelang, eine der Stangen zu berühren, rutschte ich sofort wieder ab in meinen ungebremsten Fall, ohne allerdings jemals aufzuschlagen. wenn ich dann aufwachte, im Halbschlaf, war es, als falle ich weiter, bis ich die Matratze unter mir spürte. erst dann wußte ich wieder, dass ich in meinem Zimmer war. zerrüttet von solchen Träumen floh ich umgehend aus der Wohnung, um beim Flanieren den Kopf freizubekommen. manchmal holte ich im Park ein zwei Stunden Schlaf nach, denn draußen fühlte ich mich vor seinem Bild wie vor den Träumen zunächst sicher

doch brauchte es nicht lang, bis mich auch auf der Straße das Gefühl überkam, nicht nur seinem Bild, sondern ihm selbst zu begegnen. wenn ich mich kurz auf einer Bank ausruhte oder vor einem Schaufenster stand und die Auslagen anstarrte, kam es mir oft so vor, als stehe er neben oder hinter mir und schaue mich an oder über meine Schulter. drehte ich mich dann zu ihm um, war dort niemand

eines Tages kam ich schließlich auf die Idee, mir Verstärkung zu suchen. also schaltete ich eine Wohnungsanzeige, auf die sich schon bald ein Student meldete, der sich an der hiesigen Universität eingeschrieben hatte. durch ihn wollte ich nicht nur meine prekäre finanzielle Lage beheben – die vielen Restaurantbesuche hatten mein Budget erheblich geschmälert und letztlich dazu geführt, dass ich tagsüber gar nichts mehr aß –, auch erhoffte ich mir mit seiner Hilfe die Wohnung zurückzuerobern. ich wollte wieder in Ruhe leben und arbeiten, und ich war mir sicher, dass wir der Gabel zu zweit schon beikommen würden. einer allein war, wie ich festgestellt hatte, in der Tat zu schwach. aber gegen zwei würde sich die Gabel schon vorsehen müssen, zumal sie über den Neuen noch gar keine Macht haben konnte. er hatte ja nicht gesehen, was ich gesehen hatte. sie würde schon klein beigeben und sich unseren Anweisungen fügen, dessen war ich gewiß

als ich am Tag der Ankunft des Neuen aufstand und mich anziehen wollte, mußte ich feststellen, dass ich keine frische Kleidung mehr im Schrank hatte. in meiner Angst vor der Gabel hatte ich auch das Bad seit Langem gemieden, die Sanitäranlagen der Restaurants reichten für die Grundhygiene vollkommen aus. meine Wäsche hatte ich jedoch vollkommen vernachlässigt. diese stapelte sich nun in meinem Zimmer. nach einigem Suchen fand ich eine noch kaum getragene Hose sowie ein halbwegs sauberes Hemd. der schwarze Stoff zeigte nur hie und da kleine Flecken der letzten Mahlzeit. ich wusch sie notdürftig mit Spucke heraus. als ich mich dann im Schrankspiegel betrachten wollte, konnte ich zunächst nichts erkennen. irgendetwas blendete mich. und als ich wieder klar sehen konnte, sah ich vier metallisch glänzende Stäbe. erst dahinter erkannte ich ein Gesicht

ich stürmte aus der Wohnung und rannte das Treppenhaus hinunter. auf der Straße verflüchtigte sich der Eindruck allmählich. ich machte einen ausgiebigen Spaziergang, in der Absicht, die Wohnung erst wieder zu betreten, wenn der Neue da sein würde. er hatte sich für den Abend angekündigt. und ich hatte ihm schon im Voraus den Schlüssel mit der Post zugeschickt, da ich geahnt hatte, dass mich die Gabel bis zu seiner Ankunft aus der Wohnung gedrängt haben würde. aber euphorisiert über den nahenden Triumph schlenderte jetzt ich leichter durch die Gassen

erst spät am Abend kam ich nach Hause. bereits im Treppenhaus spürte ich, dass etwas anders war als sonst. schwerer Essensgeruch kam mir entgegen. meine Angst, die Wohnung zu betreten, war verflogen. ganz im Gegenteil zog sie mich jetzt sogar an. an die Gabel verlor ich keinen Gedanken. wie es schien, war der Neue allein mit ihr fertig geworden und hatte sie überwältigen können. ihre Macht war offenbar gebrochen. ich sperrte die Wohnungstür auf und hörte einigen Lärm. er kam aus der

Küche. als ich diese betrat, sah ich den Neuen über einen Topf gebeugt, der schon auf dem Tisch stand. er sah mich an. bevor ich eine Begrüßung loswerden konnte, sagte er: „du kommst gerade recht. das Essen ist fertig." ich ging zu meinem Platz. dort lag die Gabel. sie hatte alles Bedrohliche verloren. ich hielt ihrem Anblick stand. friedlich lag sie auf ihrer Serviette. die übliche Schreckensvision blieb aus. ich dachte jetzt zärtlich an sie. ich setzte mich hin. der Neue wollte mir schon aus dem Topf geben, aber ich schüttelte nur den Kopf und sagte: „Es ist ja nicht so, dass ich –

Medley

Ich möchte: aufgekratzte Mückenstiche, aus dem Fenster schauen, Fingerknoten und dein Haarsträhnenstreichen, Straßenkreidenmalereien, am Boden liegen, Kniekrachen und hastige Schlucke aus Glasflaschen. #

An eine Sprengung ist nicht zu denken. #

Der Mann und die Frau verlassen den Raum. # Wir wussten ja nicht, dass dies ein Anfang werden sollte. Wir konnten das ja nicht wissen. # Wer wir sind und was dieses Schweigen. Steht noch dahin. # Das konnte man nicht ahnen. # Wer wir sind und was dieses Schweigen. # Ich versuche mich zu erinnern, und traue mich zu sagen: es war. # Wir sagen. #

An eine Sprengung ist nicht zu denken. # Wir hören: # Ich bin ein Weihnachtsmorgen und ein Wutanfall. Ich bin die Musik, zu der meine Füße wippen, bin eine Stunde heulend in der Wanne sitzen. # Wir haben uns das durch die Köpfe gehen lassen, unbedingt, wir wurden beraten. Wir wurden aufgefordert, uns zu entscheiden. # Und wischen uns den Staub von der Stirn. # Ansonsten ist der Raum leer. #

Heut Morgen war's ein leises Wollen. # Ich bin Kälte und Hof und Baum und Tier und Holz und Straße und Dreck und Nässe. # An eine Sprengung ist nicht zu denken. # Nacht und Dach und Stadt und Land und Fluss. # Mit zerkratzten Armen. # Den heißen Staub schlucken, Steine suchen, Blut aus den Wunden saugen. # Das hat sich so keiner ausgesucht. #

Du möchtest: Musik wie damals und aufgeregtes Wimperntauschen, Eiswürfel am Becherrand, unterdrücktes Husten und rote Leinenschuhe, Hüften, Hände, zu nah an Boxen stehen. # Ein Mann und eine Frau verlassen den Raum. # Man sieht: Sie läuft im Kreis. # Man hört: leise Musik # Du sprichst in abgewetzten Möglichkeiten. # An eine Sprengung ist nicht zu denken, das Gebiet ist schwer abzustecken. # Warm von der Sonne hast du still gehalten, dich tot gestellt und bist ins Fundament gesunken. #

Steht noch dahin. Wer wir sind und was dieses Schweigen. # Ich schnappe danach und beide wissen wir und sagen nicht. # Man sieht: Sie läuft im Kreis. # Man hört: Leise Musik. # She can say, she can say, she can say. She can say, she can say, she can say. Who knows what she's gonna say. # Ich sehe dich gehen und deine Tasche nehmen, ich sehe dich gehen und dich gehen. # An eine Sprengung ist nicht zu denken, das Gebiet ist schwer abzustecken. # Nacht und Dach und Stadt. # Ich sehe dich gehen. # Man sieht: # Manche haben sich vorbereitet. #

Dort, wo Marillenbäume an der Mauer, sonnseitig, wo die Schaukel und der Hund, Rücken zur Wand. # Das hat sich so keiner ausgesucht. # Wo die trockenen Bohnen unter dem Dach, ein Becken voll, wo drei Räder im Gras, „Hahn oder Henne“, wo am Asphalt hinter dem Tor, wo mit weißer Kreide neun Kästchen gemalt. # Die Frau weint. # Der Mann seufzt. # Ich traue mich zu sagen: es war. # Ansonsten ist der Raum leer. #

„What matters is the poem.“ # Ich werde in eine Richtung weisen, werde vorangehen und das Gras niedertreten. # An eine Sprengung ist nicht zu denken. # Ich werde den Blick fokussieren, vielleicht ein Mal noch ausatmen, den Abstand messen und dann. # Man hört: # Wir sollen aufmerksam sein und vorsichtig bleiben. # Man sucht sich das so doch nicht aus. Und man kennt sich auch nicht. Wieso denn auch? Man wollte sich ja nie kennenlernen, es ist einem einfach so passiert, das Nebeneinanderleben. # Das hat sich so doch keiner ausgesucht. #

Es steht noch dahin. Wie lange wir so sitzen werden. # Wie die Zeit vergeht. Wie sie vergeht. # „and we build up castles in the sky and in the sand.“ # Sie möchte: erstaunt sein, ihren Pass verlieren, irgendwo Nacht sehen, alleine sein und Sand in der Hose, Algen von Steinen ziehen, schwarze Muschelwände und auf Stegen sitzen bleiben. #

Die Luft anhalten. # Nicht räuspern, nicht husten, nicht schreien, nicht knirschen, nicht kratzen, nicht greifen. # Mit zerkratzten Armen. # Nicht laut sein, nicht weinen, nicht Kind sein, nicht nah sein. # Heut Morgen war's ein leises Wollen. # Heut Mittag wars ein Bissen Luft. # Ein Muskel, der sich dehnt und spannt. # Und doch nicht die Zeit. # „Read my arm like poetry.“ #

Und beide wissen wir. # Wir haben darauf hingearbeitet, manche haben sich vorbereitet. # Und beide wissen wir und sagen nicht. Wir sagen: # Vorm Verlieren hast du immer noch Angst. # Ich weiß es nicht. # Den heißen Staub schlucken, Steine suchen. # Ich habe nicht darüber nachgedacht, man denkt nicht nach, niemand denkt hier viel über den anderen nach, das Haus ist groß, man sieht sich kaum und kennt sich nicht. # Wir sagen: # „Hahn oder Henne?“ # Niemand hat es so sehr. Ich habe es verdient. # Und beide wissen wir. # An eine Sprengung ist nicht zu denken. #

Die Zeit hat uns Muscheln am Strand gesammelt und mir eine Narbe ans Handgelenk gebrannt. Die Zeit hat die Butter ranzig gemacht und deine Schläfen grau. # An eine Sprengung ist nicht zu denken, das Gebiet ist schwer abzustecken, das Risiko des Verschüttens zu groß. #

Man sieht: Sie läuft im Kreis. # Man hört: leise Musik. # She can say, she can say, she can say. She can say, she can say, she can say. Who knows what she's gonna say. # Steht noch dahin. # Man sieht: # Es steht. #

In dem Raum steht ein zum Frühstück gedeckter Tisch. Um ihn herum 4 Stühle, ein weiterer Stuhl liegt rechts neben dem Tisch auf dem Boden. # An eine Sprengung ist nicht zu denken, das Gebiet ist schwer abzustecken, das Risiko des Verschüttens zu groß. # Nicht laut sein, nicht weinen, nicht Kind sein, nicht nah sein. # Das hat sich so keiner ausgesucht. # Man sieht: # Es ist ein Schweigen. #

Wir sagen: # Wieso denn auch? #

Es steht noch dahin. Wann es hell sein wird und wie es verklingt. # Wir wurden aufgefordert. # Auf Werkzeug gestützt beziehen wir jetzt Stellung und wischen uns den Staub von der Stirn. # And for a minute there. # Wir sagen, dass wir heute hier sind, gemeinsam, um uns nicht länger tot zu stellen. # Wir sagen: # For a minute there. #

Wie die Zeit vergeht. # Wir sagen: # Man sieht sich kaum und kennt sich nicht. # Die Frage nach dem Wieso wird sich nicht stellen. # Man sucht sich das so doch nicht aus. # Den heißen Staub schlucken, Steine suchen. # Und man kennt sich auch nicht. Wieso denn auch? # Unsere Sprache und das Streichen der Butter und unsere Laken und unser Schulterzucken und unser Geschmack. # Man wollte sich ja nie kennenlernen. #

Ich werde meine Atmung kontrollieren. # Dann endlich, werde ich mich aufrichten. # Dann ausholen.

Wir sagen: # For a minute there. #

Und beide wissen wir. # An eine Sprengung ist nicht zu denken, das Gebiet ist schwer abzustecken, das Risiko des Verschüttens zu groß. # Nicht laut sein, nicht weinen, nicht Kind sein, nicht nah sein. # Das hat sich so keiner ausgesucht. #

Es steht noch dahin. Wann es hell sein wird und wie es verklingt. # Steht noch dahin. # Am Grund des schwarzen Meeres. # Es steht noch dahin. # Ob wir uns wiedersehen. #

Ansonsten ist der Raum leer. #

BLUTGRUPPE
Auszug aus dem KARDIOGRAMM

VENE

1

1 Sie suchen ein Bild und können es nicht finden.
Sie suchen ein Bild und können es nicht finden.
Sie suchen ein Bild und können es nicht finden.
Sie suchen im Bild und können nichts finden.

2 He! Was machst du da?

3 Ich suche das Bild und kann es nicht finden.

2 Du suchst ja gar nicht, du stehst pfeifend auf dem Mittelstreifen.

3 So etwas mache ich?

2

1 Es sucht sich am Bild und kann sich nicht finden.

2 Was sucht sich am Bild?

1 Ich schaue nach mir, hier auf der Fotografie. Volksschule. Kleine Gesichter. Ein Junge in der Mitte hält eine Schiefertafel fest. Auf ihr steht eine Jahreszahl.

2 Da kannst du doch gar nicht drauf sein, das Foto ist doch schwarz-weiß.

1 Dass ich nicht auf dem Bild bin, heißt nicht, dass ich mich nicht darin finden werde.

2 Aber du suchst ja gar nicht, du stehst nur pfeifend auf der Straße.

1 Wirklich, ich bin das?

3

3 Auf dem Bild ist Nebel, man kann ihn aber nicht sehen, weil das Bild verschwunden ist. Ich wollte es in meine Jackentasche stecken und habe erst hinterher gemerkt, dass ich gar keine Jacke trage. Das Bild ist mir aus der Hand. In den Nebel, verloren gegangen.

4

1 Ich stehe doch da vorne links, neben der Langhaarigen.

2 Das kannst du gar nicht sein, da ist eine ganz andere Art um die Augen.

1 Und da?

2 Ach.

3 Könnt ihr kurz zur Seite gehen.

2 Warum?

3 Ich habe etwas verloren.

1 Ich auch.

3 Ginge das nicht auch ein paar Schritte weiter drüben, da weiß ich schon, dass ich es dort nicht verloren habe.

2 Was hast du denn verloren?

3 Trüb ist es heute.

1 Da, das bin ich doch. Jetzt schau doch mal genau.

3 Und dieses Geräusch.

2 Hör doch bitte endlich auf zu pfeifen!

1 Ich?

3 Wie eine Drossel.

2 Hörst du nicht?

3 Was hast du denn da für ein Bild? Darf ich es sehen?

1 Du kommst mir zu nahe.

3 In der Proletariersiedlung ist man sich immer nah.

2 Wirklich dicht, der Nebel, woher soll man wissen, wo man ist.

1 Kann ich nicht einfach da, in der zweiten Reihe?

3 Dieses Pfeifen ist so unglaublich eindringlich, mir wird ganz komisch. So in der Brust, hier.

1 Entschuldigung.

5

2 Was soll das überhaupt sein? Eine Proletariersiedlung?

3 Wie eine Drossel.

2 Ich spreche mit dir!

3 Trüb ist es heute.

1 Wie klingt denn eine Drossel?

3 Genau so. Genau so ist eine Proletariersiedlung. Sieben Wohnblöcke nebeneinander. Davor ein kleiner Bach, über dem Haselnussstauden wachsen. Weiter dahinter ein Feld, dann ein Hügel. Hinter dem Hügel der Wald, durch den die Autobahn fährt. Alles eingepackt in dicke, die dicksten Nebelschwaden. Wattesiedlung.

2 Hinter dem Nebel? Hier zum Beispiel wäre dann ein Haus?

3 Rechts und links vom Mittelstreifen Gehsteige, eine Geschäftszeile, eine Eisdiele. Und die Volksschule.

1 Die Volksschule?

3 Ich habe im Nebel das Sehen gelernt.

1 Vielleicht kann sich in der Volksschule jemand an mich erinnern!

2 Ist denn das Foto aus dieser Schule?

1 Woher soll ich das wissen.

3 Was pfeift hier nur so?

6

2 Hörst du das? Das Rauschen. Komisch, oder?

1 Ich glaub, vielleicht bin ich von den anderen Kindern gefressen worden. Die schauen doch alle so aus, als wären sie dazu fähig, mich zu fressen.

2 So ein ganz komisches Rauschen.

3 Wie eine Drossel.

1 So schauen die doch aus.

2 Nein, wie ein Wasserfall eher.

3 Hinter dem Hügel im Wald, da ist die Autobahn. Sie führt weit weg von hier, man muss nur immer den Mittelstreifen entlang.

1 Still jetzt, bitte. Hört ihr das?
Um die Fressgeräusche zu überdecken, kommt Musik.
Kurz nachdem das Orchester die Instrumente ansetzt und noch einmal durchatmet, wird ein Kadaver in den Bach geworfen und der Nebel beginnt sich zu lichten.
Hörst du es?

2 Das Rauschen?

1 Als ob die anderen Kinder eines verschluckt hätten.

3 Würdet ihr unter euren Schuhen nachsehen, ob da etwas Verlorenes liegt.

2 Was ist es denn?

3 Genau so. So ist eine Proletariersiedlung.

7

2 Ich kann sie hören, die Musik. Schön ist sie. Wenn ich die Augen zumache, dann sehe ich die Streicher im Orchestergraben sitzen und die Geigenbögen tanzen aus dem Graben heraus, die Spitzen ragen hervor, wie Grashalme im Sturm. Einsatz der Klarinetten. – Wie unheimlich.

1 Vielleicht kann sich ja jemand in der Volksschule an mich erinnern. Ich muss doch auf dieser Fotografie sein, ich habe diese Fotografie aus meiner Jackentasche gezogen.

2 Unheimlich tragisch, wie die Kontrabasssaiten vibrieren.

3 Aus der Jackentasche? Kann ich mir das mal anschauen?

1 Das bedeutet doch etwas.

3 Zeig mir das Foto!

1 Du bist doch nicht einmal drauf.

3 Ich habe das Bild gar nicht fallen gelassen. Du hast es mir!

1 Lass mich!

3 Gib her!

1 Es ist meines!

2 Hört auf! Die Musik! Sie ist so schön. Hört ihr sie? Unheimlich, wie sie in meinem Kopf hallt. Wie passt das Orchester samt Graben in meinen Schädel? Und da, schaut: Meine Hand formt eine Faust. Zu einem Widerstand. Und da: Ich mach sie auf, die Faust, und eine zerdrückte Himbeere liegt darin.

8

3 Gegen Nachmittag lichtet sich meistens der Nebel für ein paar Stunden.

1 Tatsächlich.

3 Dahinter, hinter dem Hügel, ist der Wald.

1 Da drüben erkenne ich eine Volksschule.

2 Ich halte eine zerdrückte Himbeere in der Hand und höre in meinem Kopf ganz deutlich, dass die Geiger ihren Speichel hinunterwürgen.

1 Du solltest doch die Himbeere nicht vom Busch pflücken.

3 Wo habt ihr sie gefunden?

1 Wir sind dort hinten auf der Böschung gestanden und haben versucht, in den Nebel zu fallen.

3 Jetzt pfeift es wieder. Mir wird ganz.

1 Ich pfeife doch gar nicht.

2 Die weiche Himbeere.

3 Wo war ich? Jetzt weiß ich wieder: Du hast es! Ich kann mich jetzt fast daran erinnern, wie du!

1 Ich will hier das Kind in der dritten Reihe neben dem Brillenkind sein.

3 Fast erinnere ich mich, ich sehe, wie du mir das Foto aus der Hand, wie du.

2 Im Wald in den Büschen mit den zerkratzten Unterschenkeln und die Musik im Kopf.

3 Ich erinnere mich jetzt so gut wie wirklich daran, dass du mir das Bild gestohlen hast. Wie konntest du.

1 Ich will doch nur hier in der dritten Reihe stehen. Schau.

2 Die Hand formt eine Kuhle. Wie ein Spatz sitzt die Himbeere darin.

3 Ich seh' dein Gesicht vor mir, wie du mir das Bild aus der Hand reißt. Ich werd dir.

1 Nur einfach dastehen. Und sonst nichts. Sonst nichts.

2/3 Dieses Pfeifen.

Orte eigener Kleidung

Ich würde gern überrascht werden. Ich weiß aber auch, dass ich das nicht fordern darf. Ich würde gern jemandem zurufen: überraschen Sie mich. Ich sage es natürlich nicht. Und hoffe gleichzeitig, wenigstens ein bisschen überrascht zu werden. Was würde mich überraschen? Eine verbrauchte Redewendung lautet, dass die großen und wichtigen Themen in der Luft liegen. Es stimmt allerdings auch. Die Luft ist voll von den Vögeln und Insekten der großen Themen. Sie steigen von den Blogs und Foren und Zeitungen und Fernsehmagazinen auf und schwirren in der Luft herum. Sie steigen bis in die höchsten Höhen und werden vom Wind in alle Himmelsrichtungen geblasen. Und jeder, ausnahmslos jeder hat zu jedem großen Thema eine Meinung. Als könnte man mit dem Netz einer Meinung ein Thema einfangen und es dann besitzen. Als könnte man sich auf diese Weise ein Thema zu eigen machen. Es ist wichtig, eine Meinung zu haben, aber es ist auch leicht, eine Meinung zu haben. Nichts kommt einem so schnell über die Lippen wie ein Kommentar. Im besten Fall wird daraus ein Leitartikel. Dagegen ist nichts zu sagen, wenn man einen Beruf ausübt, zu dem das Leitartikelschreiben gehört. Überraschend wäre etwas Anderes. Jedes große Thema berührt irgendwo an einer kleinen Stelle das Leben jedes einzelnen Menschen. Es berührt ihn an der Schulter oder am Handgelenk oder an der Stirn. Es drückt mit seinem Gewicht gegen ihn. Es drückt sich in ihn hinein. Und dabei verändert es ihn. Ein Text, der nur nach den durch die Luft segelnden Themen jagt, hält am Ende als Beute bloß einen

Luftballon in der Hand. Ich möchte gern lesen, an welcher Stelle den einzelnen Menschen der Schuh der großen Themen drückt. Und was er gegen das Drücken tut. Und wie sehr das sein Leben bestimmt. Ich möchte gern etwas von diesem Leben lesen, in dem die großen Themen so viel Macht haben, dass sie das Leben schwierig und hässlich machen können und den, der sie nicht wieder aus seiner engen Wohnung und seinem Leben hinausdrängen kann, unglücklich. Ich möchte überrascht werden, weil ich neugierig bin. Wie findet man einen Job? Reicht es, einen Job zu haben, oder braucht man zwei? Wie kann man Geld verdienen? Was muss ich tun, um meine Miete bezahlen zu können? Muss ich das Leben meiner Eltern wiederholen oder gibt es in diesem Supermarkt noch andere Angebote? Wie nennt man mein Problem und haben andere dasselbe Problem? Ein Text braucht keine Antworten zu geben, aber er muss ein Thema und Figuren haben. Und zwar Figuren mit einem Problem. Die möglichen Antworten sind nicht wichtig. Viel wichtiger sind die Fragen, weil sie den, der sie stellt, durch das Chaos lotsen. Sie führen ihn an den Ort, an dem die großen Themen die eigene Alltagsrealität berühren. Sie führen ihn zu seinem eigenen Leben, in dem er sich gegen diese großen Themen wehren muss und sich nur schreibend Platz und Freiheit verschaffen kann. Durch diese Arbeit wird für ihn jedes große Thema zum eigenen Thema. Es wird zur eigenen Kleidung. Für den Leser wird so hinter einer scheinbar banalen Alltagsrealität das große Thema sichtbar. Durch das scheinbar Kleine blickt man auf das Große. Und das ist überraschend.

Eine liegende Acht

Ich öffne die Tür und gehe aus dem Wohnhaus. Er schloss die Tür hinter sich und betrat sein Wohnzimmer. Es ist Nacht und die Straßenlaterne vor meinem Hauseingang flackert leicht. Er war leicht betrunken, wie in den vergangenen Monaten so oft. Sie wird wohl bald aufhören zu leuchten. Der Schreibtisch wie auch sein PC warteten dort, wo er sie zurückgelassen hatte. Flackernde Lampen und blinkende, dem Ende nahe Neonröhren sind für mich eine beständige Erinnerung an die Endlichkeit aller Dinge. Es war kalt in seinem Zimmer, darum drehte er die Heizung auf. Mir bleibt so wenig Zeit und dennoch muss ich heute dem Inneren meiner Wohnung entfliehen. Die Heizungsrohre begannen wieder mit ihrem Knarren und Ticken, doch in diesem Moment störte ihn dieses Geräusch nicht. Ich brauche Ablenkung und zwar richtig gute. Er war zu sehr mit sich selbst beschäftigt und wahrscheinlich lag es auch am Alkohol, dass er dieses Geräusch, welches ihn schon so viele Stunden gequält hatte, so leicht ignorieren konnte. „Marie. Treffen wir uns in einer Dreiviertelstunde? Ja, genau dort. Bis dann." Er setzte sich auf seinen schwarzen Schreibtischsessel, rollte näher zu seinem Tisch, um angenehm und aufrecht zu sitzen, und schaltete den PC ein. Ich gehe nur fünfzehn Minuten und erreiche das Lokal. Erstaunlich leicht ließ er sich wieder einmal ablenken. Ich trete ein und bestelle mir ein Bier. Anstatt das zu tun, was er machen sollte, öffnete er den Browser. In diesem Zustand soll sie mich besser nicht erleben. Nachdem er zwei Tabs – einen mit orf.at und einen mit Google-Mail – geschlossen hatte, widmete er sich Facebook. Das kühle Bier besänftigt meine Wut und meinen Selbsthass für einen Augenblick. Er hatte keine neuen Benachrichtigungen und niemand hatte etwas gepostet – schließlich hatte er wenige Minuten zuvor Facebook mit seinem Handy auf Neuigkeiten überprüft. „Hallooo." Er saß nach vorne gebückt da und starrte kurz auf den Bildschirm. Ich weine nicht, ich lasse mir nichts anmerken. Schließlich konnte er sich nicht mehr beherrschen und er begann zu weinen. Es ist heiß in dem Lokal, darum ziehe ich meinen Pullover aus und bestelle mir noch ein Bier. Mit aller Kraft riss er sich vom Tisch und warf dabei den Sessel um. „Warum bist du denn heute so still? Bist du traurig?" Er fand ein Taschentuch in seiner Hosentasche, trocknete sein Gesicht und versuchte sich zu beruhigen. Ich weiß nicht, wie es mir geht. Er ging ins Bad und wusch sein Gesicht mit kaltem Wasser. Es müsste mir eigentlich gut gehen, aber ich bin müde und mein Kopf ist voller Gedanken. Seine Atmung und somit auch er selbst beruhigten sich allmählich wieder. Vieles macht mich im Moment traurig. Er legte sich in sein Bett und konnte einige Stunden schlafen, bis sein Wecker läutete – er hatte schließlich viel zu erledigen. Aber ich bin noch nicht am Boden zerstört. Die Küche lag am anderen Ende des Ganges. Ich weiß, wie das mit dem Aufstehen funktioniert, und es gibt ja Dinge, die mich glücklich machen. Er bereitete Kaffee zu und während die schwarze Flüssigkeit langsam in die Kanne tropfte, trank er ein Glas Wasser. Ich sehe sie an. Er kehrte mit einem weiteren Glas Wasser und einer Tasse zurück zu seinem Schreibtisch. Sie lächelt mir zu und bestärkt diesen Gedanken in mir. Der PC war noch eingeschaltet. Ich versuche zurückzulächeln. Marie hatte ihm eine Nachricht hinterlassen, er lächelte kurz und war nun bereit alles zu beenden. „Ich hab einfach viel zu tun im Moment." Er öffnete die Schublade und holte sein Notizbuch heraus. Sie nimmt ihren Gin Tonic und führt das Glas an ihre Lippen. Er wollte nicht aufgeben, sondern weitermachen. Ich begehre sie. Er nahm die Feder, nicht den Kugelschreiber, zur Hand und begann eine Zeile niederzuschreiben. „Schalt heute einfach ab, lass den ganzen Unikram daheim ruhen und hab endlich mal wieder Spaß." Nach einem Absatz legte er das Schreibwerkzeug beiseite, trank sein Glas aus und betrachtete die Niederschrift. Vielleicht hat sie recht, doch ich bin mir dessen bewusst, dass ich heute schon wieder fast nichts weiterbekommen habe. Es war zwar nur mittelmäßig, aber es würde genügen. Mich lähmt allein der Gedanke an die vielen Seiten, die ich lesen muss, und die vielen Zeilen, die ich schreiben muss. Es blieb ihm nichts anderes übrig, als alles zu verwerten. Ich nicke nur, trinke von meinem Bier und versuche mir nichts anmerken zu lassen. Er musste Abgabetermine einhalten. Sie ist heute schön, nein, eigentlich ist sie immer schön. Das hatte Priorität, Qualität würde es vielleicht später, bei anderen Hausübungen oder – falls er einmal Zeit haben würde – bei eigenen Projekten geben. Unsere Freunde kommen erst in zwanzig Minuten. Er wollte sich belohnen, da er sich der Ablenkung erfolgreich für einige Augenblicke entzogen hatte. Wir haben Zeit. Er belohnte sich mit eben dieser Ablenkung und schaltete den PC ein, um zu sehen, ob sich etwas verändert hatte. Zeit zu reden. Der Bildschirm hatte sich nicht verändert. „Okay. Wenn es dich selbst jetzt, wo du doch eigentlich abschalten solltest, beschäftigt, dann erzähl davon. Vielleicht kannst du es ja nach einem Gespräch ruhen lassen." Er schrieb kurz Marie zurück, hörte ein Lied an und konnte das Ding wieder beenden. Ich würd ihr ja gerne erzählen, was mich innerlich so quält und warum ich in einem so rastlosen Zustand bin. Er nahm das Buch zur Hand, welches er lesen wollte, und legte es auf den Couchtisch, und nahm das Buch zur Hand, welches er lesen musste, und legte es auf den Schreibtisch, um es aufzuschlagen. Aber ich würde sie wohl nur damit nerven oder vielleicht gar abgehoben wirken. Mit diesem Müssen hatte er jedoch kein Problem, er hätte einfach gern eine spätere Frist gehabt, um es wirklich genießen zu können. „Nein, passt schon. Reden wir über dich. Ich hab dich ja schon lange nicht mehr gesehen." Außerdem würde er lieber etwas mit Marie machen, damit sie nicht etwas mit Maier machen würde. „Ja. Einen ganzen Tag ist es her." Doch er hatte einfach keinen Spielraum mehr. Sie erzählt von ihrem Tag und von ihren Plänen für heute Nacht. Er las die ersten zwei Seiten, nur um festzustellen, dass er zwar beinahe jeden Satz wiederholen konnte, jedoch keine Ahnung vom Inhalt, vom Sinn des Textes hatte. Anscheinend werde ich lange bleiben müssen. Sinnerfassend lesen. Ich kann mich nach dem Gespräch an keine Einzelheiten des Gesagten mehr erinnern, zu sehr bin ich mit dem, was mich zu Hause erwartet, beschäftigt. Konnte er das überhaupt? Sie merkt davon allerdings nichts, ich habe mittlerweile ein Gespür dafür entwickelt, wenn es darum geht, an den richtigen Stellen zu nicken. Er wusste es nicht und schämte sich für das Fehlen jeglicher Konzentrationsfähigkeit. Ich höre den Leuten meistens nicht mehr zu. Er begann ein weiteres Mal mit der bereits gelesenen Seite. Unsere Freunde – eigentlich sind es ihre Freunde, aber ich sehe sie mittlerweile so oft, dass ich mich mit ihnen unterhalten kann – kommen gerade herein, als sie mir von dem DJ erzählt, den wir später im Club erleben werden. Nachdem er sich jeden Absatz vier Mal leise selbst vorgelesen hatte, konnte er sich ein Bild vom beschriebenen Inhalt reinhämmern. Marie setzt sich zu mir auf die Bank und rückt dicht an mich heran. Er sah nun die Straßen New Yorks vor sich. Ihr linker Schenkel berührt meinen rechten und verharrt in dieser Position. Er blickte auf sein Handy. Solch körperliche Nähe verunsichert mich. Er hatte bloß zehn Minuten für das Lesen dieser Seite gebraucht. Ist das eine Einladung, meine Hand auf ihren Schenkel zu legen? Er schloss die Augen. Soll ich ihre Hand unter dem Tisch ergreifen? Er wusste, dass er bei diesem Tempo nie bis zur Prüfung fertig werden würde. Ich will sie aber auch nicht erschrecken, zu weit gehen, darum beschließe ich nichts zu tun. Er ging wieder in die Küche, nahm sich einen Energydrink und begab sich wieder zum Schreibtisch. Ich lächle sie bloß kurz an. Die Dose war nach der zweiten Seite leer und nach der dritten Seite begannen seine Augen schwer zu werden. Sie merkt es nicht, da sie bereits in ein Gespräch mit einer ihrer Freundinnen verwickelt ist. Die vierte Seite musste er acht Mal lesen. Es geht um eine Bekannte, die ich nicht kenne, darum versuche ich mit der Freundin, die mir gegenüber sitzt, zu reden. Nach der fünften setzte die Wirkung ein und er konnte ohne Unterbrechung bis zur zehnten Seite lesen. Es fällt mir schwer. Ein kleiner Erfolg. Sie hat für meine Interessen nicht viel übrig, ich finde sie oberflächlich. Er blickte wieder auf die Uhranzeige. Wir reden – natürlich, über was denn sonst? – über das Wetter. Er musste bei dieser Geschwindigkeit wohl durcharbeiten. Noch immer kein Schnee, viel zu warm für diese Jahreszeit. Er begann wieder zu lesen, aber das Handy war in seinem Blickfeld und lenkte ihn ab. Ihre zwei Freundinnen gehen zur Bar, wir sind allein und beginnen wieder zu reden. Er könnte doch kurz, nur ganz ganz kurz, nachsehen, ob es etwas Neues gäbe. Sie ist nicht von mir weggerückt, auch wenn genug Platz auf der Bank wäre, da ihre Freundin ja aufgestanden ist. Er steckte das Handy in seine Hosentasche, um es vergessen zu können. Jetzt. Nach der fünfzehnten Seite konnte er einfach nicht mehr. Versuch es jetzt. Er blieb mitten in einem Absatz stecken, stand auf, hörte ein Lied und ging dabei in seinem Zimmer auf und ab. Für einen Augenblick habe ich meine Selbstzweifel vergessen und lehne mich noch weiter zu ihr. Auf und ab. Sie tut jedoch nichts dergleichen und ich bin zu ängstlich, mich noch weiter anzunähern. Auf und ab. Wir reden und sie lächelt mich dabei an. Bis der Song aus war, er das Buch wieder nahm und sich auf sein Sofa setzte. Ich weiß nicht, was sie mit diesem Lächeln bezwecken will. Vielleicht würde er hier besser lesen können. Bemitleidet sie mich oder mag sie mich? Sein letzter Alkoholkonsum lag schon länger zurück und er war wieder nüchtern genug, um das Geräusch wahrzunehmen. Wieso fällt es mir so schwer, diesen einen letzten Schritt zu gehen? Er musste den Absatz sogleich abbrechen, neu beginnen, wieder abbrechen und schließlich wieder beginnen, nur um das Buch wütend zu schließen und aufzustehen. Sie kann nichts Schlimmeres machen, als mich abzuweisen. Er drehte die Heizung ab und machte zum Trotz kurz das Fenster auf. Trotzdem habe ich Angst vor dieser Zurückweisung. Draußen war es kalt und da er nur ein T-Shirt anhatte, schloss er nach einer halben Minute das Fenster, zog sich einen Pullover an und setzte sich wieder auf das Sofa. Ich habe sie wirklich gern. Die Heizung hatte aufgehört das Geräusch zu produzieren und es war nun relativ leise in seinem Zimmer. Ich möchte ihre Nähe nicht missen. Er konnte das Kind in der Nachbarwohnung kurz schreien hören, aber es verstummte und somit verstummte auch jegliche akustische Ablenkung. Nicht heute Abend. Er glaubte zu wissen, dass das Kind nur aus Trotz, nicht aus Angst oder Schmerzen geschrien hatte, und beruhigte damit sein Gewissen. Mir geht's ja ohnehin schon beschissen. Hätte er zu seinen Nachbarn gehen sollen, um sie nach dem Befinden des Kindes zu fragen? Andererseits sollte ich wirklich nicht mehr lange warten, denn Maier wird bald kommen. Er wusste es nicht und außerdem war das tägliche Schreien des Kindes zur Gewohnheit geworden und er konnte seine Gedanken relativ leicht ignorieren oder zumindest mit rationalen Erklärungen beruhigen. Ich tanze gern. Vielleicht war das Kind ja einfach nur verzogen und wollte sich keine Grenzen setzen lassen. Doch ich tanze nicht gern mit ihr, da ich befürchte mich ihr gegenüber zu blamieren. Schließlich war er in der Lage weiterzulesen. Dennoch nehm ich jetzt ihre Hand und führ sie Richtung DJ-Pult. Nach einer Seite vibrierte das Handy in seiner Hosentasche, nachdem er den Absatz beendet hatte – so lange konnte er sich immerhin beherrschen, das sah er mittlerweile als großen Erfolg an –, nahm er das Handy heraus und las die Nachricht. Sie folgt meiner Einladung und wir tanzen zwei Lieder lang. Es war von ihr. Ich bin zwar verkrampft, aber schlage mich nicht sonderbar schlecht, doch Maier taucht nach einer Verspätung von einer Stunde auf. Es war für ihn. Sie sieht Maier und wir gehen Richtung Eingang, um ihn zu begrüßen. Ob er denn Zeit habe. Maier trägt ein Hemd, die obersten Knöpfe sind offen. Er sah sich in seinem Raum um, sah den Stapel Bücher auf seinem Schreibtisch, sah die To-Do-Liste auf seiner Pinnwand und sah vor seinem inneren Auge die nächsten Tage in Kalenderform. Ich blicke auf mein T-Shirt herab – ich mag es, aber vielleicht sollte ich ebenfalls hin und wieder ein Hemd tragen, auch wenn ich es nicht gerne mache. Er hatte keine Zeit, weder für sich noch für sie. Maier lächelt sie an, sie lächelt zurück und er nimmt ihre Hand, so wie ich vor wenigen Minuten. Er schrieb nicht zurück und steckte das Handy wieder in seine Hosentasche und begann zu lesen, in Gedanken bei Marie. Sie lassen mich beide stehen. Er versuchte sie für einen Augenblick zu verdrängen und tatsächlich konnte er einige Seiten lesen. Die Wetter-Freundin von vorher sieht mich an der Bar und wir reden kurz über die Wetterprognose für den nächsten Monat. Doch dann kam er wieder, dieser aufdringliche Gedanke, dieses Begehren nach ihr. Sie geht zurück zu dem Tisch von vorher. Er hatte sie am Tag zuvor bereits gesehen und er wusste, dass er keine Zeit dafür hatte, wieder zu scheitern, wie er es ja jedes Mal tat. Ich bestelle mir einen Gin Tonic und, falls Marie zurückkommen sollte, einen zweiten gleich dazu. Er schaffte es kaum, seine To-Do-Liste zu erledigen, selbst ohne Ablenkungen. Während der Barkeeper die Getränke zubereitet, suche ich die Tanzfläche nach ihnen ab. Er bemitleidete sich einige Minuten selbst, saß da, dachte an sie, dachte an die verpassten Chancen, dachte daran, dass es bis jetzt noch immer nicht geklappt hatte, trotz seines beständigen Ja-Sagens, selbst wenn er eigentlich so wie an diesem Tag keine Zeit hatte. Sie tanzen, küssen noch nicht. Er schluckte, ignorierte sie, die ihn in Gedanken tyrannisierte, und sich selbst, der in ihr eine Rettung zu wissen glaubte, und begann weiterzulesen. Ich beobachte sie noch ein bisschen, während ich den ersten Gin Tonic trinke. Er las einen Absatz fünf Mal – er las nie wirklich den Text, sondern nur die einzelnen Wörter und die einzelnen Sätze – und legte das Buch zur Seite. Ich kann ihre entblößte, runde Schulter sehen. Er konnte einfach nicht mehr dagegen ankämpfen. Ich wende mich ab und setze mich auf einen der Barhocker. Er wollte nichts mehr machen, nichts mehr lesen und nichts mehr schreiben. Warum sitze ich eigentlich hier? Er wollte sie sehen, er wollte sich selbst noch eine weitere Chance geben. Sie tanzt mit einem anderen und eigentlich sollte ich zu Hause schreiben und lesen. Alles andere konnte zwar nicht mehr warten, musste aber warten. Ich sollte mir nichts mehr vormachen, sie vergessen und mich wieder auf mich und mein Tun konzentrieren, anstatt ihre Schulter anzustarren. Er konnte sich nicht mehr konzentrieren, so sehr er sich auch anstrengte. Auf einmal erscheint eine Hand links neben mir, nimmt sich den zweiten Gin Tonic und stößt mit meinem an. Er schloss die Augen und kämpfte gegen die Tränen an. Sie setzt sich zu mir an die Bar. Er sah keinen Ausweg aus seiner Lage. Sie hat Maier anscheinend abgeblockt, er ist nicht mit ihr mitgekommen, sondern tanzt weiterhin vor dem DJ-Pult, jetzt allerdings mit einer anderen Frau. Er hatte noch so viel zu tun, aber er konnte zu diesem Zeitpunkt einfach nicht mehr. Wir reden noch eine weitere Runde Gin Tonic, bis sie beschließt heimzufahren. Das Beste wäre gewesen, wenn er schlafen gegangen wäre, um diesen Tag zu beenden und seinem Leben für einige Stunden zu entfliehen, doch er richtete sich auf, suchte Kleidung aus seinem Schrank und duschte sich. Ich begleite sie bis zur U-Bahn-Station, sie fährt davon, ohne mich, aber auch ohne Maier. Er musste sie sehen. Wenigstens etwas. Er zog sich an und las kurz noch einmal die Nachricht auf seinem Handy. Ich begebe mich allein, so wie immer, auf den Heimweg, höre Musik und öffne mit meinem Handy Facebook, um mich von der Tatsache abzulenken, dass ich sie wieder nicht geküsst habe. Er blickte sich in seinem Wohnzimmer um, sah die Arbeit, die auf ihn wartete, schluckte, konnte sich aber beherrschen und verdrängte seine Sorgen mit einem Bild von Marie. Nach vier Liedern habe ich die Tür meines Wohnhauses erreicht. Er wusste, dass er sie in wenigen Augenblicken sehen würde und dass es ihm dann wohl besser ginge. Ich stehe einen Moment lang vor dem Eingang und betrachte die flackernde Straßenlaterne. Bevor er seine Wohnung verließ, sah er noch einmal durch sein Wohnzimmerfenster. Sie funktioniert noch immer. Er nahm die Straßenlaterne auf der verlassenen Straße wahr – sie wurde noch immer nicht repariert. Vielleicht sollte ich mir eine bessere Erinnerung für die Endlichkeit der Welt suchen. Er wendete sich vom Fenster ab, verließ sein Wohnzimmer und sperrte hinter sich die Wohnungstür zu. Ich drehe mich um, gehe in mein Wohnhaus und kurz darauf in meine Wohnung hinein. Er stieg langsam die Treppen hinab und versuchte nicht an seine Arbeit, sondern allein an sie zu denken. Ich schließe die Tür hinter mir und betrete mein Wohnzimmer. Er öffnete die Tür und ging aus dem Wohnhaus.

Betreff: unvollendet

Wellenreiten kann man
Rolltreppe fahren kann man
Auf einen Berg steigen kann man
Man kann in den Spiegel blicken
Zudecken kann man sich
Atmen kann man
Man kann in der Sonne liegen
Man kann zur Ruhe kommen
Und schreien kann man auch
Und Sandburgen bauen
Mit dem Rad fahren kann man
Und in frisch gemähten Wiesen liegen
Man kann weinen
Und husten kann man
Und nach Perlen tauchen
Man kann einen Menschen lieben
Schlafen kann man

Ja, bitte. Kommen Sie doch herein, kommen Sie doch. So unordentlich heute. Tut mir leid. Wenn ich bloß gewusst hätte – Wollen Sie vielleicht –? Wollen Sie sich setzen? Ja? Bitte folgen Sie mir. Bitte –

Musik hören kann man
Und schaukeln kann man
Schuhe putzen kann man
Und träumen
Jemanden rufen kann man
Und nicht verstanden
Man kann Freude empfinden
Und vorausschauend agieren
Genießen kann man
Und auch altes in eine Suppe werfen
Man kann lächeln
Man kann sich ekeln
Ein Gespräch führen kann man
Man kann nichts verstehen
Man kann gehört werden
Man kann sich etwas wünschen
Man kann nachdenken
Man kann nachgeben
Frisches Brot kann man essen

Ja, folgen Sie mir doch! Bitte keine Scheu. Hier, das ist mein Wohnzimmer. Fühlen Sie sich wie – Ja, da haben Sie wohl recht, das ist nicht möglich, aber machen Sie es sich doch bitte gemütlich. Hier, auf diese Couch zum Beispiel, da können Sie sich gerne hinsetzen. – Schön, so ist's gut.

Ein Frühstück kann man sich richten
Man kann streiten
Nach einem Sinn im Leben kann man suchen
Menschen bei der Geburt beobachten kann man
Segelboot fahren kann man
Man kann sich räuspern
Klavier spielen kann man
Man kann sich selbst fotografieren
Man kann verschiedene Stoffe aneinander reiben
Eine Kerze kann man anzünden

Zur Arbeit kann man gehen
Hände schütteln kann man
Schlecht gelaunt kann man sein
Libellen die Flügel ausreißen kann man
Geborgenheit kann man empfinden
Ein Glas Wein trinken kann man
Und Geld ausgeben
Man kann sich selbst belügen
An einem Eis schlecken kann man
Und sich selbst streicheln kann man auch

Gut, sehr gut machen Sie das. Sie können sich ruhig zurücklehnen. Haben Sie vielleicht Hunger? Nein, Sie essen nichts? Dann vielleicht ein Getränk, da Sie bestimmt lange unterwegs waren? Nein, auch keinen Durst? Sie brauchen überhaupt nichts?

Man kann unleserlich schreiben
Man kann meditieren
Einer Beerdigung beiwohnen kann man
Man kann eine Schere benutzen
Das Meer kann man verschmutzen
Tote Sprachen kann man sprechen
Man kann sich unbeschwert fühlen
Man kann ein Kribbeln im Nacken spüren
In den Regen stellen kann man sich
Man kann sich schön anziehen
Und eine Kreissäge benutzen kann man auch

Man kann ins Internet einsteigen
Man kann sich hassen
Rosenduft kann man riechen
Man kann Rehe erschießen
Solitaire kann man spielen
Torten kann man backen
Man kann sich einsam fühlen
Und einen schweren Kopf haben
Man kann einen Kaffee trinken
Auf den Boden spucken kann man

Kann ich denn irgendetwas für Sie –? Also einfach nur zu Ihnen setzen? Hier gegenüber vielleicht? Passt das für Sie? Ich weiß ja nicht, wie es bei Ihnen der Brauch ist, aber bei uns – Ja, genau. Wie bitte? Nur eine einzige Frage wollen Sie mir stellen?

Man kann eine Videokassette zurückspulen
Man kann einen Krug zerbrechen
Man kann Menschen betrügen
Katzen streicheln kann man
Ein Bild malen kann man
In den Weltraum kann man blicken
Fieber kann man haben
Man kann Menschen beobachten
Und sich dabei wohlfühlen auch
Man kann berühmt sein
Man kann sich selbst fremd sein
Einen Fingerabdruck kann man hinterlassen
Einen Menschen verletzen kann man
Wandern kann man gehen

Man kann Kinder erziehen
Zur Polizei kann man gehen
Man kann eine Sehschwäche haben
Man kann durch dünne Wände hören
Man kann von einem Hochhaus springen
Und fliegen kann man
Auf eine Dachterrasse kann man gehen
Tanzen kann man
Toilettenpapier kann man kaufen
Man kann sich ein Zimmer mieten
Spanisch lernen kann man
Man kann sich entkleiden
Und erkälten kann man sich
Man kann sich im Kreis drehen

Sind Sie sich dabei wirklich sicher? Die Antwort wird wohl etwas länger dauern. Haben Sie denn überhaupt so viel –? Ja? Zeit spielt also keine Rolle? Nun, beginnen kann ich ja. Mal sehen, wie weit ich –

In einen Apfel beißen kann man
Sein Haustier kann man füttern
Wasser kann man trinken
Man kann Bauchschmerzen haben
Und man kann Münzen sammeln
Und einen Alarm aktivieren
Auf Glatteis kann man sich begeben
Eine Reise kann man gewinnen
Man kann laufen lernen
Man kann operiert
Man kann einen Menschen auf die Stirn küssen
Man kann in Ohnmacht fallen
Man kann Frieden schließen
Das kann man auch

Blumen gießen kann man
Sterben kann man
Man kann beliebt sein
Man kann heimkehren
Stadtpläne studieren kann man
Eine Baustelle kann man betreten
Schach spielen kann man
Eine Krone kann man sich basteln
Wachsen kann man
Und auch geheilt werden
Man kann sich schämen
Und sich weiterentwickeln
Und den Bleistift auf die Seite legen

„Zu seiner Belehrung sollte ein Schriftsteller mehr leben als lesen.
Zu seiner Unterhaltung sollte ein Schriftsteller mehr schreiben als lesen."

Karl Kraus

Wie soll ich schreiben?

Ich soll schreiben. Weiter, ich soll überall schreiben können, nicht nur zu Hause. Ich soll Türen öffnen, nicht nur Kaffeehaustüren. Ich sitze ebenda, in so einem Kaffeehaus, eine Zigarette im Mundwinkel – das Klischee sei mir verziehen, es ist meine pure Absicht – und soll innovativ sein. Neue Wege gehen, die nicht nur mit Prosa gepflastert sind, ich soll unterwegs vielleicht einen Akt für ein Drama, einen Gedichtzyklus und vier Essays schreiben, wenn möglich abdruckfähig, vielleicht in einer Literaturzeitschrift. Ich soll den Betrieb aber nicht zu ernst nehmen, Essay kommt schließlich von essayer. (Ich soll Französisch sprechen.) Ich soll mich nicht um Verlage kümmern, ich soll mich nicht um den Buchhandel kümmern. (Der Buchhandel liegt im Argen.) Dort kommt namlich „Handel" vor, und ich bin kein Produkt. Ich soll kein Produkt sein wollen. Ich soll sagen, ach, der Literaturbetrieb ist fürchterlich, aber ich soll keine Lesung verpassen. Ich soll eine engagierte Schriftstellerin sein. Ich soll eine Autorin sein, nicht interessiert am eigenen Erfolg, sondern an der Sache. Ich soll 1500 Bücher verkaufen, damit es sich für den Verlag lohnt, mich anzupreisen. Werbung soll ich scheußlich finden. Ich soll mich mit dem Zeitgeschehen befassen, ich soll die Geschichte meines eigenen Landes kennen, ich soll die Geschichte meiner eigenen Familie kennen. Ich soll die Innenpolitik kommentieren können, die aktuelle, die vom letzten Jahr und die vor meiner Zeit. Ich soll Ö1 hören, die Features und die Hörspiele. In der Nacht läuft das beste Fernsehprogramm. Ich soll nicht beim Fernsehen einschlafen. Ich soll keinen Fernseher besitzen. Ich soll Filme kennen. Klassiker. In Originalton. (In der Übersetzung geht der ganze Humor verloren.) Das Lebenswerk von ... Ich soll auf Filmfestivals gehen und mir Retrospektiven ansehen. Ich soll mich auch mit Theater auseinandersetzen. Literatur und Theater liegen ja eng beieinander. Ich soll Jazz lieben und Pop verachten. Ich soll Jazz verachten. (Bob Dylan ist ein Poet.) Ich soll eine klare Linie ziehen können zwischen Avantgarde und Postmoderne. Ich soll mich sehr gut mit Epochen auskennen, aus der Epoche die Kunst herleiten und aus der Kunst die Epoche. Ich soll mit Gerhard Rühm oder Carl Djerassi einen Diskurs führen können, und dies vor allem, da ich ein naturwissenschaftliches Vorstudium absolviert habe. Oder zumindest ein Philosophiestudium. Ich soll nicht im eigenen Dampf schmoren. Ich soll schlecht in Mathematik sein. Ich soll wissen, dass Mathematik alles zusammenhält. Und nicht Rudolf Taschner. Ich soll Mallarmé verstehen, das sind ja nicht nur bunte Buchstaben. (Klassische Erzählung hat nichts mehr mit Kunst zu tun, nur andere, experimentelle Zugänge sind heute noch legitim.) Ich soll bestimmte Bücher schon mehr als einmal gelesen und jedes Mal etwas Neues entdeckt haben. Ich soll nicht den ganzen Tag damit beschäftigt sein, das zu lesen, was ich ohnehin schon kennen sollte. Ich soll meine Zeit nicht im Internet vertrödeln, aber einen eigenen Blog haben und andere Literaturblogs verfolgen. (Ein Blog ist so eine demokratische Form der Publikation.) Ich soll mich nicht versklaven, ich soll nicht „Lohnarbeit fristen" oder „texten", ich soll mich für Literaturwettbewerbe interessieren, ich soll einreichen, ich soll ein Manuskript im Ärmel haben und dieses bei Gelegenheit den richtigen Personen zustecken, bei deren Lesungen ich pünktlich eingetroffen bin. Ich soll aktuelle Arbeitsproben haben, und mich mit diesen für Stipendien bewerben. Ich soll das Schreiben lieben, oder ich soll es hassen, aber in jedem Fall soll ich viel schreiben. Und lesen, und wissen, was Karl Kraus dazu sagt. Und der Olymp. Und Helmut Qualtinger. Alles ist schon einmal da gewesen, ich soll anders schreiben, ich soll nicht schreiben wie … Ich soll gerade die österreichische Literatur kennen. Nur nicht die Bestseller. Ich soll in kleine Buchhandlungen gehen, ich soll Antiquariate kennen, viele. Ich soll auch einmal etwas Schlechtes schreiben. Ich soll dem Ministerium für Unterricht, Kunst und Kultur einen Bericht über meinen Erzählband abliefern. Ich soll Zweifel kennen, ich soll aber nicht verzweifeln. Ich soll Widerstand leisten, ich soll nicht zu glatt sein, ich soll nicht an der Oberfläche kraulen, sondern an ihr kratzen. Ich soll mit der Hand schreiben, mit Füllfeder, ich soll mit der Schreibmaschine schreiben. Ich soll in der Früh schreiben, wenn der Tag noch jung ist. Ich soll Jungautorin sein. Gerade aufgestanden. Ich soll neben meinem Bett ein Blatt Papier liegen haben, um die Ideen, die im Schlaf kommen, sofort aufschreiben zu können im 10-Fingersatz. Ich soll im Gymnasium gewesen sein, ich soll Latein gehabt haben. Ich soll nicht bürgerlich sein, ich soll bürgerliches Milieu kritisieren. Ich soll keine Lifestyle-Autorin sein. Ich soll nicht über oder gegen Befindlichkeiten schreiben, nicht die eigene Familiengeschichte aufrollen. (Schon wieder der Vater! Das hat vor ihr schon …) Ich soll nicht beschreiben, wie sich ein warmes Wannenbad anfühlt. Jeder weiß, wie sich ein warmes Wannenbad anfühlt. Ich soll wissen, dass das Thomas Bernhard gesagt hat. Ich soll nicht beschreiben, was eine Prostituierte in ihrer Handtasche hat, ich soll mit einer Prostituierten schlafen und *das* beschreiben. Ich soll nicht einen Erzählband als Erstlingswerk herausbringen, der verkauft sich nicht. Ich soll mich nicht an Verkaufszahlen aufhängen. Ich soll mich nicht erhängen. Die, die wirklich verkaufen, schreiben sich per Auftrag quer durch die Feuilletons. Ich soll die Feuilletons durchforsten. Ich soll Feuilleton im Schlaf buchstabieren können. Ich soll nicht das erste Wort wählen, das mir einfällt. Ich soll eine Veröffentlichung bei der Grazer Literaturzeitschrift „Manuskripte" haben, solange Alfred Kolleritsch dabei ist. Ich soll ohne Internet wissen, dass Alfred Kolleritsch Alfred Kolleritsch heißt. Ich soll ein Problem mit authentischen Schriftstellern haben. Ich soll performen. Ich soll Poetry Slams besuchen. Ich soll noch Briefe schreiben, ich soll mir einmal eine meinung darüber gemacht haben, ob ich groß- und kleinschreibe. ich soll es auch einmal ausprobiert haben kleinzuschreiben, mich der konvention widersetzen. Ich soll Hesse in der Schule abgelegt haben, ich soll den Mann ohne Eigenschaften gelesen haben. Ich soll das Lied von der Erde kennen. Ich beginne jeden Satz mit „Ich soll", ich soll Wortwiederholungen vermeiden. Ich soll mich bewusst für Wortwiederholungen entscheiden. Schreibe ich „es", habe ich mich immer zuvor gefragt: Ist dieses „es" wirklich notwendig, und falls ja, habe ich mich ebenfalls bewusst dafür entschieden. Ich spare die Adjektive. Ich vermeide schiefe Bilder oder gar jene, die wir alle schon 400 Mal gelesen haben. Ich soll ein Objekt an den Anfang einer Erzählung stellen.

Ich soll anwesend sein. Ich soll mit meinem Namen unterschreiben. Ich soll mich nicht als Erste melden, um meinen Text vorzulesen. Ich soll noch bis zum nächsten Mal auf das Feedback warten können. Ich soll nicht gleich gehen, nachdem mein Text besprochen wurde, sondern solidarisch sein und noch den anderen zuhören. Ich soll wissen, dass Autoren niemals solidarisch sind, und jeder nur über seinen eigenen Text sprechen will und hören möchte, was der andere dazu sagt.

Ich soll mich innerhalb der „Angewandten" mit Studenten aus anderen Richtungen für Projekte zusammenschließen. Ich soll gendern und nicht sagen Studenten aus anderen Studienrichtungen, sondern Studierende. Ich soll wissen, wer gerade angesagt ist, obwohl er Maler ist und nicht Dichter. Ich soll wissen, wo die nächste Angewandten-Party ist. Ich soll 8–10 Seiten schreiben. Ich soll eine Stimme haben und Gegenargumente zu meiner Position finden. Oder mich im Zweifel einfach an Montaigne oder Johnson orientieren. Natürlich, ich soll zur Deadline abgeben. Ich soll etwas abgeben, sonst falle ich durch. Ich soll wissen, dass es nicht um einen akademischen Titel geht, wenn man schreiben will.

Ich soll nach dem Unterricht noch mitgehen auf ein Bier. Ich soll eine Idee für ein Sprach-/Filmprojekt haben und verwirklichen. Ich soll cutten lernen. Ich soll schon vor der Lehrveranstaltung die Leseliste gelesen haben. Ich soll die Lehrbeauftragten, die Dichter, kennen. Ich soll ihr Werk nicht nur gelesen haben, ich soll zu ihm durchgedrungen sein. Nicht zu jedem, aber falls nicht – warum? Ich soll jedes Wort schon einmal gehört haben, und falls nicht, sofort fragen, was es heißt. Ich soll einen Arbeitstitel haben. Ich soll ein Konzept haben. Ich soll bei Konzeptkunstprojekten mitmachen und in ein Museum das Wort „Kübel" brüllen gehen. Ich soll keine Schreibblockade haben, ich soll eine überwinden. Ich will einen Roman schreiben.

Lochen

Der Tag zerbricht an der Schwelle zur Dämmerung und die Peinlichkeit der Zeitrechnung bricht einem die Zähne aus dem lachenden Mund. Dieser brüllt die Stummelkinder an, die hier in den Ecken der Hausgewandungen im Schattenfett braten. Das sich erkaltende Fett der Schatten lässt die Schreihälse glänzend versiegeln, unausgesprochen und unfähig, die Infantenspalten aufzudehnen. Selbst wenn schon die ganze Stadt ins Zwielicht hineingekippt wird, stehen die stummen und starren Kindergräten nebeneinander in den Nischen und rühren sich nicht, erschrocken über das zahnlose Lachloch, das ihnen entgegengesperrt wird, zügellos.

Ein einziger Blick in diese Höhlung des Gesichts mit den zugedrückt-grinsenden Augen, ein einziger Blick genügt, um das Sehen der Kleinen für immer zu beeinträchtigen. Immer wieder wird das Maul in seiner Leere und die Augen, die zugeklaffte Wunden sind, erscheinen, die Kinder werden dieses Gesicht in dem eines Strichers sehen, sie werden das Gesicht sehen im Suppentopf der Eltern, die Innereien darin werden das Gesicht sein. Es ist auch das Gesicht, auf das sie greifen werden, wenn sie in der Nacht den Lichtschalter suchen. Sie werden in einen, in diesen Schlund greifen. Sie werden etwas angreifen und immer das zahnlose Loch ergreifen.

Die Mutlosigkeit der Kinder wird nun in der eintretenden Verfinsterung an ihnen deutlich und umrandet die fettverschlossenen Gestalten. Die Verfinsterung breitet Geräusche in den Gassen aus, Geräusche, die von nichts nachgeahmt, also nicht dargestellt werden können.

Diese Verfinsterung endet an einem gewissen Verfinsterungsgrad. Die Verfinsterung ist die Doppelung des Tagesschattens. Oder die Verdreifachung. Aber die Verfinsterung ist stehen geblieben und führt nicht zu vollkommener Dunkelheit. Sie lässt es nicht zu, dass die Laternen angehen. Sie werden nur fast aufgedreht, aber es ist noch nicht dunkel genug. Dunkelheit wird nicht gegönnt.

Die Gesetze, die hier an jeder Ecke, in der etwas verendet ist, herumlungern, sind, dem Verwesungsgeruch nach zu urteilen, Naturgesetze. In ihnen spuckt sich die schlummernde Vernunft auf die eigenen Pranken und aus sich selbst gestülpt graben sich die Steintafelschnitzereien durch die Gemüter, Bestätigung suchend. Während das Gesetzmäßige die Natur okkupiert, steht weiterhin das lachende Gähnloch da und bringt die Kleinen mit dem Moment des vollkommenen Verfratzens um. Die hoch aufgestapelten Knochenhäuser in der Umgebung stehen unverschämt und erbärmlich aus dem Boden heraus, in ihnen drehen sich Medienphalli in brave Köpfe. Diese Schädel liegen eingehüllt in ihren Schlafstätten aus Glitzerdickicht.

Die Fratze schlägt die Decken zur Seite und in den zerwühlten Betten kriechen die Milben und Wanzen vor Schreck kreuz und quer über die Matratzen. Der löchernde Schlund zeigt all dies den Nischenkindern.

Es sind die Falschen, die angefratzt werden, aber nur diejenigen, die nun angefratzt werden, können wohl die Anfratzung noch wahrnehmen.

Man sieht, wie in ihnen nun langsam die Kräfte sterben, man sieht in den Augen das Brechen des aufmerksamen Blicks. Man sieht, wie ihnen der Hintern zuwächst und die Ausscheidung unmöglich gemacht wird. Manch einer versucht sich noch verzweifelt einen Ausgang zu bohren, aber die Bewegung erstarrt in ihren Anfängen. Um sich abzulenken, werden die Kleinen sich Stelzen basteln und wie die Großen umherlaufen und im Geselligen Zuflucht finden, in der Vielzahl untergehen und warten, bis ihnen die Stelzen an die Beine wachsen und sie also groß geworden sind und ihnen das Sie-Wort angeboten wird. Das wird ihr Unterschlupf. Sie werden sich Dinge trauen und von der Unsicherheit sich in die Sicherheit schleppen, und auch wenn dort immer wieder Dämme aufreißen, werden sie sich sicher fühlen oder sagen, dass sie sich sicher fühlen.

Ein Gesicht wird all dies beobachten und aufgerissen daneben stehen und irgendwann wahrscheinlich zustimmend nicken. Oder lieber doch nicht nicken, sondern sich in sich selbst, d. h. ins Eigene verkriechen, ins Lochen hinein und dort in vollkommener Finsternis und vollkommener Stille, vollkommener Wahrnehmungslosigkeit die Zuschüttung mit Dunkelheit genießen und nichts mehr genießen, da genießen auch wahrnehmen ist. Nur mehr in sich selbst zurückgezogen, wird auch dies den Kindern ein fürchterlicher Anblick sein.

2.0 – *To OH is not to breathe*
Smile, don't show

On Grizzlies

Dass der Grizzly seinen Namen von *gris* habe, von den Franzosen – der Grauige, einer, der durch die Wälder striff und zwischen den Bäumen verschwand.

On Otherness

Wir finden es überall: Das Andere. Es ist uns Quell der Neugier, es ist uns Quelle der Furcht. Eine Annäherung an das Andere unterliegt im Grunde einer harten binären Abwägung: *Ja* oder *Nein*, – Annahme oder Vermeidung des je auftauchenden Anderen in einer je auftauchenden Situation:

Die Männer mit Mollen an Kiosktresen. Und dann plötzlich: Preissturz im Baumarkt oder Revolution – so Sachen halt.

Es gibt unterschiedliche potentielle Situationen je spezifisch-variabler Ausstattungsdichte. Als einer von mindestens zwei möglichen Bezugspunkten sei der handlungsfähige und handlungswillige Mensch gesetzt. Ich und Grace Kelly.
Wir antizipieren unsere Interaktion mit dem Anderen. Innere Bilder entstehen, in denen wir Reaktions-Optionen in Hinblick auf dieses Andere vorwegnehmen, *pre*testen, gleichsam durchspielen, um uns die möglichen Konsequenzen einer Entscheidung vor Augen zu führen. Die gewonnenen Daten sind Grundlage für unsere binäre Abwägung.

On Visuality

Die Form herrscht, weil unsere Auffassung der Welt primär visuell geschieht. Dies gilt für kulturelle, soziale aber auch technologische Bereiche. Doch auch in unser Inneres langt die Form durch die Dingkultur hinab – tief in unsere Verhandlung und Verarbeitung.

„Ich habe natürlich nicht immer getrunken.“ – Hans Fallada

In den dicht besiedelten, durchurbanisierten und Zeit-knappen Zonen des dritten Jahrtausends herrscht ein stetiger Überfluss von Daten. Filterungsstrategien, die aus Daten relevante Informationen extrahieren, sind vonnöten. Es geht am schnellsten Welt mit dem Auge zu fassen. Es geht auch more easy und flutschiger.
Ein visueller Prä-Selektionsprozess, ein Scanning der Umgebung findet statt. Seine Funktion besteht darin, das Gehirn zu entlasten.
Formal kodierte Produkte scheinen hierbei eine Möglichkeit der Filterfunktion zur Ressourcen-schonenden, schnelleren Erkennung und Einordnung. Bekannte formale Ausprägungen unterstützen eine effektivere Prä-Selektion. Darüber hinaus herrscht das Paradigma der Aufmerksamkeits-Ökonomie.

I can hear Music – The Beach Boys

On Initiative

Brauchste immer: Form ist Initiative.

On Perception

Das schnelle Erkennen ist Bedingung für ein Herausstechen in der Aufmerksamkeits-Ökonomie. Das ist auch der Visual Turn.
Das Großreden ist ebenfalls ein Paradigma der Aufmerksamkeits-Ökonomie. Kleine Menschen stehen auf den Schultern von Riesen um weit, überweit und furchtbar in das Land hinauszublicken, das unter ihnen hinweg sinke zu den Flüssen. Der Feldherr ist in uns. Sein Hoffnarr ist der Narziss.

Jeder lobt das Heer in dem er mitzieht durchs Leben.

Sie gehen vom Beiboot aus an Land (oben), tragen fast ausschließlich Weiß mit ein paar heißen Tupfen Rot. Man darf mit Bewunderung sagen, dass es genau dieser disziplinierte Style ist, für den sie dich an der Costa Smeralda lieben – also werden sie vielleicht ein paar neue Bekanntschaften machen, nebenbei mit den Hors d'œvres spielen, und dazu ihren Pouilly-Fuissé aus geeisten Gläsern trinken. Er ist wieder in diesen engen Jacques Bellini-Hosen unterwegs (€75), ein Investment, an dem er lange Spaß haben wird, mit einem rot-blauen Sweater (€50) von Cerutti CXIII und einem 37er *slicked back* Schnitt, der sein perfektes Profil unterstreicht. Ihr ultra-klassischer, weißer, Woll-Garbadine-Anzug (€550) ist von Jaques Bellini und liefert die Garantie, über Jahre hinweg fashionable zu bleiben, weil er, ähnlich wie Weiß an sich, niemals un-fashionable sein wird. Ihr roter Sweater ist von Pringle, ihr Schal (€6) ist von Echo, und ihr glattes blondes Haar lockt sich unter einem kecken Hütchen von Schezer Rinaldi. De moi.

Das visuelle Vorfühlprogramm betastet uns die Objekte. Unsere Projektionen suggerieren Inhalt, doch sind sie nichts weiter als Form.
Lob der Oberfläche.
Standing Ovation.
Vom Sein zum Scheinen.
Die Formen scheinen; wie Augen sind sie, im Glanzlicht der Nacht – wie nasser Asphalt unter Neon.

„Da könnte ich jetzt richtig losschwallen.“ – Moritz von Uslar

Wir leben in einer Zeit, deren Technologie die Form begünstigt. Form erscheint bereits überall inkorporiert.
Und so müssen wir Kenner der Formen sein; Alpha und Omega werden an der Oberfläche verhandelt. Es gibt die Werkzeuge. Allein die Kenntnis der visuellen Diskurse wird dich schützen – doch wird dich dies ebenfalls wandeln. Und kennst du den Formshifter? – den, der uns wandelt, der in uns ist und verschwindet? – zwischen den Grauen, den Wäldern der Zeit – so wie der Grizzly?

Die Welt geht stündlich unter.
Und wieder auf. Die Form suggeriert, dass sie ordnen könne. Die Form ist Anhänger der Enzyklopädie, der Inhalt glaubt an das Rhizom.

Die Angst hat keine Form. Sie hat nur Inhalt. Kein Gefühl hat eine Form. Gefühle haben nur Inhalt. Und es gibt die Performanz.
"It's all about performance", sagt der ARD Anchorman Tom Buhrow. Er wird von einem gutaussehenden Kommunikations-Experten aus Frankfurt in dieser Ansicht bestärkt.

On Strategy

Die Form ist Taktik. Sie fasst und strukturiert. Sie leitet die Auffassung. Sie macht den Inhalt greifbar. Sie macht Glauben, dass sie alle Bedeutung inkorporierte; dass sie unfehlbar sei.

Doch wie ist es, stell dir vor, im Meer – beim Griff in den Bodenschlamm: du fasst, und immer, immer wird etwas zurückrieseln aus dem Gefäß deiner Hand; – und weniges ist perfekter gestaltet als die Hand. So nimm den wenigen Sand und behaupte, Eklekton – dies seien die Kleinkiesel der Weisen. Die Form hat Hang zum Suggestiven. Die Form ist die Taktik des Großredners. Seine Behauptungen treffen die Welt. Sein Gefühl ist groß. Ebenso sein Drang zu Gelten. Ein Ding treibt ihn um, ja, ein Ding. Die Spirale fährt langsam, dann zieht sie hinab und verjüngt sich kreisend zum Punkt.

On Relation

Alles braucht seinen Frame of Reference. Anders gesagt: es braucht das Andere, auf das es sich beziehen kann – und vice versa; um Sinn zu ergeben, um eine Qualität zu erhalten. Einen Bezugsrahmen also, der aus Bezugspunkten sich aufspannt. Diese Punkte, die zusammen mit dem Selbst als Eckpflock den Bezugsrahmen spannen, seien andere Punkte als das Selbst.
Das Selbst lasse die Umwelt zu.
Remember where thou and thy fathers hast been / where thou hast cometh from. De moi und die Orthographie hat Mahlzeit.

On Fear

Das Selbst erkenne, dass es nicht die Sonne sei.
Schlechte Form ist selbstbezüglich. Sie bringt nichts hervor, als sich selbst
Gute Form hat ein Mindestmaß an Offenheit.
Sie blende nicht. Sie scheine nicht. Sie versuche, so gut es möglich, auf Macht zu verzichten.

„Was ängstigt dich so an der Form, Nils?"

„Broder, sie tut, als sei sie absolut."

„Ja, ist es das?"

„Sie kommt mit ihrer totalen Setzung. Sie nimmt mich in ihrer Eindeutigkeit. Sie überwirft mich. Und doch verbirgt sie, dass sie nichts weiß. Sie ist das Zeichen des Großredners, doch, doch! Lass mich sprechen. Der Großredner hat keine Balance, deshalb, ja, muss er so reden."

„Ein Fall, soso … aber ist das Fallen, das Aufgeben nicht jenes, wonach der Mensch sich insgeheim sehnt?"

„Er sehnt die Verführung! Aber die Form ist kalt. Die Form ist Violation."

„Das ist es: die Form ist dir nicht unschuldig genug."

„Eben, Broder, ja. Ihr fehlt die Naivität. Das Naive, das diffus Strahlende. Jenes, das enttäuscht und enttäuscht werden kann. Das Naive ist offen. Es begrenzt nicht, noch täuscht es absichtlich."

„So willst wohl du auch sein, ein Kind, ist's nicht wahr?"

„Ja, Broder, Recht Recht: denn ich sah die Alten, die nichts mehr wollten vom Leben als Kuchen. Die Regression ist in uns. Und doch, sie schienen mir glücklich."

„Aus Unwissenheit dachtest du."

„… Nun, und wenn schon."

Regennasser Asphalt, sich in der Nacht verlierend – was wäre er ohne einen Bezugspunkt. Was wäre ein Bezugspunkt ohne die Erinnerung? Das Zeitliche spielt also hinein. Ist die Zeit Form, ist sie Inhalt? Form ist sie, die gefüllt werden muss. Was ist der Raum? Ist er ebenfalls Form? Nein, er ist Inhalt.

On Tumult

Da kamen wir den Feldweg hoch zur Kapelle von Bruder Klaus. Das Land war feucht, hinten stand der Wald.
Und weißt du, was eine Stele ist? Sie ragt empor, sandgelb, und ein Regen war über ihr, der hatte auf die Wetterseite ein Muster geweht, das abwärts stieg und sich zum Grund hin verlor. Es war ein fünfeckiger Block, fensterlos, aus grobem Schichtbeton. Sein

Inneres jedoch, glich einer Höhle, einem hohlen Bergkegel, der sich nach oben zu einem Schlot verjüngte. Zum Himmel hin war die Höhle offen, dass der Regen auf uns herabfiel, als wir darin waren; einem Strahlenkranz gleich, kam die Helligkeit zu uns hinab.

Wir hörten, dass Baumstämme zu einem Zelt aufgerichtet – erst dann war Beton um diese archaische Struktur geschichtet worden. Sie hatten von Innen nach Außen gearbeitet. Sie wandelten und verbargen das Zelt, den Kern und den Korpus, und schalten ihn außen mit Platten. So entstanden die Flächen der Außenansicht, deren grobe Materialität der Stele eine poröse und verwitterte Anmutung gab. Das Innere jedoch, die Höhle, zeigte die aufstrebenden Rinnen, die die Baumstämme im nassen Beton hinterlassen hatten. Diese Rinnen strebten empor zum Schlot; ein gotisches Futteral. Denn nach der Schichtung des Betons um das Baumstamm-Zelt herum, da hatten sie jenes in Flammen gesetzt; und das Feuer, der Rauch entwich durch den Schlot und härtete den nassen Beton aus. Eben noch waren dort Stämme gewesen; dann waren sie nicht mehr. So war der Kern in die Form übergegangen und die Form selbst war beredt, denn sie wandelte sich; und erstarrtes Zeugnis war sie einer Transformation.

Und die Kohläcker lagen braun da. Und die Feldwege liefen hinab. Scheunen gab es und Winterdorn. Ganz hinten der Wald; ein Buchenwäldchen, dessen graue Stämme nackt über dem Laubboden standen; die Äste rieben im Wind. Ein Schatten war zwischen den Bäumen und der Regen ging ergiebig hinab.

… Und dass der Grizzly seinen Namen von *gris* habe, von den Franzosen: Der Grauige – einer, der durch die Wälder striff und zwischen den Bäumen verschwand. Ein Pferd ritt an mir vorbei, auf dem Trail und die schwarze Gestalt auf ihm hatte ein Horn mit Feuer darin; langsam verschwand sie in der Nacht und ich wusste, dass sie auf mich warten würde, wenn ich dort angekommen war.

Man muss sich ein Gerüst so vorstellen:

[Auszug]

Ein Bauarbeiter und eine Bauarbeiterin auf einem Gerüst.

1

Er: Wo beginnen.
Sie: Wo schaut man hin. Nach oben.
Er: Wo man auch hinging, überall Schutt, grauer Staub. Lose Menschen.
Sie: Graue Menschen. Gebrochen.
Er: So sieht es aus.
Sie: Die Stadt wie aus Fleisch und Blut. Die Menschen wie aus Stahl.
Er: Sieht es nicht so aus.
Sie: Was hast du gehört.
Er: Wo man auch hingeführt wird, schaut man in gebrochene Gesichter. Ihre Nasen verrenkt.
Sie: Man sieht den Menschen ja ihr Unglück an, im Blick. Man sieht ihnen ihre Gebrochenheit an.
Er: Wenn die Knochen langsam auseinanderwandern/
Sie: Also brechen/
Er: Weil kein Gerüst sie noch zusammenhält.
Sie: Wo bist du dann gewesen.
Er: An anderen Plätzen wurde protestiert.
Sie: War es laut.
Er: Wir haben die Stille gebrochen. Wir wurden ja davon geschluckt.
Sie: Die Fenster geschlossen. Der Lärm war unerträglich, man glaubte ihn zu hören, doch da war nur/
Er: Stille.
Sie: Ich war für die meisten unsichtbar.
Er: Wir mussten mit der Stille brechen. Für uns. Füreinander.
Sie: Ich aber war für die meisten/
Er: Man lässt aneinander Protest laut werden. So haben wir es uns gedacht.
Sie: Ich aber: unsichtbar.
Er: Die Stille hat uns immer verschluckt.
Sie: Wohin, habe ich gefragt.
Er: Aus Fleisch und Blut. War deine Angst aus Fleisch und Blut.
Sie: Aus Stahl und Holz.

Er: Ja, die Gerüste. Wir haben an ihnen hinaufgesehen.

Sie: Nach oben. Am liebsten hätte man doch auf uns hinuntergespuckt.

Er: Am liebsten hätte man doch auf uns hinuntergeschaut.

Sie: Plötzlich: überall Schutt, grauer Staub.

Er: Die Gerüste haben sich plötzlich/

Sie: Selbst zu Tode gerüttelt. Sind also in sich hineingefallen, nichts ist daraus entstanden.

Er: So sieht es doch aus. Die Menschen fallen übereinander her. Etwas setzt einem die Angst in die Knochen.

Sie: Auch an meinen Knochen wurde gerüttelt. So sehr hat mir die Kraft gefehlt. Und wenn ich mich durch Türen geschoben habe, waren sie von anderen Menschen verstopft.

Er: Man darf doch nicht immer verzagen. Wo wird man da hingeführt.

Sie: In dunkle Räume, zu enge Türen.

Er: Man muss sich doch eine Information holen.

Sie: Man muss doch protestieren.

Er: Grau und Staubpartikel. Da stand ich auf einer Straße. Die Leute sind einfach übereinander hergelaufen. Haben sich gegenseitig die Nasen verrenkt.

Sie: Die Straßen: überlaufen. Die Gerüste: überfordert.

Er: Man muss sich doch wehren. Man muss die Plätze für sich selbst überlaufen. Man muss sich also sichtbar machen. Man muss die Unsichtbaren finden, ihnen ein Licht vors Gesicht halten.

Sie: Das Licht kam ja gar nicht bei uns an. Man hat es oben schon geschluckt.

Er: Das Neonlicht wurde von den Krankenhäusern ausgespuckt. Auf alle, die da kamen.

Sie: Das war ja kein echtes Licht.

Er: Die Ärzte trugen graue Kittel. Hygienevorschriften oder Vorschriften, die man nicht kannte.

Sie: Irgendwann: Staub und Schutt. Hätte man sich das nicht denken können.

Er: Der Staub wurde von den glatten Flächen gefegt/

Sie: Für mehr Sterilität/

Er: Und man musste eine Auswahl treffen.

Sie: Wo bist du dann gewesen.

Er: Die Auswahl: Du ja, du nein, du ja, du ja, du nein.

Sie: An welchem anderen Platz bist du gewesen. Die Ärzte in ihren grauen Kitteln haben mich zu genau untersucht, sie haben etwas gefunden.

Er: Du ja, du nein. Nein, ja, nein. Nein

Sie: Sie haben uns nach Vorschriften ausgewählt. Mir konnte geholfen werden und sie haben etwas gefunden.

Er: Dass deine Anlagen nicht gut genug gewesen sind.

Sie: ---
Er: Deine Anlagen haben aus den Wunden geblutet. Man musste Bilder anfertigen.
Sie: ---
Er: Ich bin an einem anderen Platz gewesen. Graue Wagen fuhren an uns vorbei.
Sie: Was haben sie gesagt.
Er: Die grauen Wagen hatten Röhren auf ihren Dächern gekabelt. Aus ihnen dröhnten Beruhigungen.
Sie: Was habt ihr gesagt.
Er: Nein, nein, nein. Als hätte ein Einziger gesprochen.
Sie: Im Krankenhaus gab es keine Beruhigung. Der Arzt umfasste mir die Knochen und erwiderte schließlich einen Blick.
Er: Was hat er gesagt.
Sie: Ihre Anlagen haben versagt und wie soll es jetzt weitergehen.
Er: Ihre Anlagen bluten und wie soll diese Wunde nun heilen.
Sie: Auf dem Blutbild war ein deutlicher Krater zu sehen. Da klaffte eine Wunde.
Er: Ich will dich halten.
Sie: Der Arzt hielt mir weiter den Arm und tippte unentwegt in Datenbanken und andere Quellen, die uneinsichtig waren.
Er: Lass mich dich halten.
Sie: Keine weiteren Informationen. Das Blutbild: ein Krater. Da schaute ich mir selbst entstellt entgegen.
Er: Ich halte dich. Es wird gut.

2

Sie: Was haben die grauen Wagen gesagt. Was ist aus ihren Röhren gedrungen.
Er: Es wird gut.
Sie: Was habt ihr gesagt.
Er: Nein.
Sie: Was haben sie noch gesagt.
Er: Einschätzungen der Lage. Meinungen und knallharte Fakten. Man nennt es Zurückhaltung geheimer Informationen.
Sie: Was haben sie zur Lage gesagt.
Er: Auch Stahl und Beton können unter gewissen Einwirkungen eines stürmischen Wetters beträchtliche Schäden davontragen. Es kommt dann zum Einbruch der Gerüste.
Sie: Es gibt aber keinen Grund zur Panik.
Er: Nicht mal einen Tropfen haben wir gespürt. Nicht mal einen Hauch.
Sie: Der richtige Umgang wurde in die Wege geleitet.
Er: Windstille und friedliches Plätschern der Menschen.

Sie: Die richtige Vorgehensweise wurde an den Tag gelegt.
Er: Sonnentage, Hitze, Badewetter.
Sie: Bewahren Sie sich einen kühlen Kopf und atmen Sie einfach mal durch.
Er: Ganz schwindelig schon von den Temperaturen. Die Schwere der Lungen. Ich habe Kinder gesehen, die den ganzen Tag im Wasser geblieben sind. Sie sahen alt aus.
Sie: Genießen Sie die freien Tage und machen sie sich über keine Gerüste einen Kopf.
Er: Die Kinder sahen aus wie alte Menschen.
Sie: Wir werden Sie auf dem Laufenden halten.
Er: Ich habe mich vor den alten Kindern gefürchtet.
Sie: Wir wünschen Ihnen einen sonnigen Aufenthalt in Ihrem eigenen Heim oder an den öffentlichen Plätzen dieser Stadt.
Er: Ich ahnte Schlimmes.
Sie: Als der Staub sich langsam ausbreitete/
Er: lagen wir auf einem Steg oder entspannten uns auf andere Weise.
Sie: Wie hätte man auch an etwas Böses denken können.
Er: Der Staub hat sich in die Gesichter gefressen und sich in den verschwitzten Hautfalten geklumpt.
Sie: Dann kamen die ersten Bilder.
Er: Stahl und Beton.
Sie: Ein unbeschreibliches Ausmaß.
Er: Die grauen Wagen fuhren ohne Unterbrechung.
Sie: Ein ungeheuerlicher Anblick.
Er: Aus den Röhren dröhnten Lügen und andere Aufmunterungen.
Sie: Die Knochen begannen zu brechen, man hörte es genau.
Er: In die Stille hinein.
Sie: Wenden Sie sich an die Notrufzentralen.

3

Sie: Es hat uns damals viel Freude bereitet.
Er: Jeder hat das damals gemacht.
Sie: Es hat uns ja auch viele Möglichkeiten eröffnet.
Er: Haus mit Garten. Kind mit Hund. Mann mit Frau.
Sie: Jeder hat das gemacht.
Er: Jeder hat sich das gewünscht. Du doch auch.
Sie: Du doch auch. Man hat sich gerne angestrengt.
Er: Ein neues Stadtprojekt.
Sie: Die Möglichkeiten ausschöpfen. Wenden Sie sich an die Arbeitszentrale.

Er: Der Bau eines Gerüsts beginnt von unten.
Sie: Beton, Stahl, Holz, alles was das Herz sich wünscht.
Er: Wir waren ganz unten.
Sie: Und glücklich dabei.
Er: Unbeschreibliches Glück. Ich beschreibe:
Sie: Jeder wollte dabei sein, jeder hat das damals so gemacht.
Er: Ich beschreibe: Ein Ganzes sein. Zu wissen, wer man wirklich ist. In einem höheren Sinn stehen. Man nennt es sich seinen eigenen Platz suchen.
Sie: Ich beschreibe: Jeder soll sich einen Platz suchen können, der einem liegt.
Er: Es hat mir gelegen.
Sie: Und dann hatte man diese Möglichkeiten. Freie Hand.
Er: Haus mit Garten. Kind mit Hund.
Sie: Der Bau eines Gerüsts beginnt von unten.
Er: Ich beschreibe: Beton, Stahl, Holz, alles was das Herz sich wünscht.
Sie: Für das eigene Haus mit Garten.
Er: Es muss ja nicht jeder Hunde lieben.
Sie: Nicht jeder muss ein Kind lieben wollen.
Er: Für manche also nur Haus mit Garten, Stahl mit Holz.
Sie: Ein Stückchen Natur für den eigenen Bedarf.
Er: Was braucht man mehr. Was wünscht sich das Herz denn noch.
Sie: Die Natur bleibt im Garten und das Herz bei der Arbeit. So kann man sich eine Lebensplanung bauen.
Er: So kann man sich einen eigenen Bedarf zusammenstecken. Das Material: vorhanden. Die Wünsche: flexibel.
Sie: Mann bekommt jedes Material, das es gibt: Beton, Stahl, Holz. Es wird gerne zur Verfügung gestellt.
Er: Es gibt auch andere Dinge, die man sich denken kann.
Sie: Man kann sich alles Mögliche ausdenken. Der menschliche Geist ist dazu fähig.
Er: Der menschliche Geist ist auch noch zu ganz anderem fähig.
Sie: Man kann sich auch jedes andere Material vorstellen, das es nicht gibt. Das nicht zur Verfügung gestellt wird.
Er: Aber was es nicht gibt, das wird nicht zur Verfügung gestellt.
Sie: Verzeihung.
Er: Tut uns leid.
Sie: Ein Pech.
Er: Aber kein Unglück. Wenden Sie sich an das, was es gibt/
Sie: Und bauen Sie sich Ihren eigenen Wunsch. Streben Sie nach Ihrem eigenen Glück.
Er: Verzeihung. Aber in der Anstrengung hat sich jeder noch einen Wunsch erfüllen können.

Sie: Tut uns leid. Sie können sich an Forderungen orientieren, um einen Wunsch zu formulieren.

Er: Ich wollte in der Arbeit gefordert sein.

Sie: Ich wollte meine eigenen Fähigkeiten/

Er: Richtig einsetzen können.

Sie: Mich entfalten.

Er: Glatt streichen und mein Bestes geben.

Sie: Wenden Sie sich an die Arbeitszentrale.

Er: Der Bau eines Gerüstes. Für jeden das Eigene.

[...]

Walderdbeeren

Abends im Frühjahr kommt Mutter vom Disteljäten und bringt mir Sauerampfer in der Tasche und im Sommer eine rießengroße Sonnenblume mit.[1]

Ich schaue in die schwarzen Kerne und zerpflücke Muster ins Gesicht. Im Schatten spucke ich die Hülsen aus und die Hühner essen mit. Wenn ich sie fangen möchte, hüpfen sie davon, aber ihre Verstecke kenne ich und schon am Morgen werde ich die warmen Eier aus den Mulden ziehen. Wie Künstlerfarbe klebt auch weißer und schwarzer Schiss daran. Ich laufe zur Großmutter und will Bilder damit malen.

Ich habe die Eier vergessen. Ich habe den Peter im Leiterwagen vergessen. Der Peter drückt die Eier an sich und stolpert über den Krötenstein. Hinter dem Krötenstein wird das Gras schleimig und glänzend und meine Augen glänzen. Peters Augen glänzen und sein Gesicht ist wund und seine Hände sind Schleim. Zu Mittag malen wir glänzende Bilder mit Schleim.

Die Großmutter schimpft die Mutter und die Mutter schimpft den Hund. Der Hund läuft in den Wald. Wir gehen in den Wald Pilze suchen, Großmutter hat dafür den Weidenkorb geflochten, Großmutter Zitt hat früher immer den Weidenkorb geflochten, sagt die Großmutter. Sie zeigt mit harter Hand auf den Stein. Im Stein klingt ihr harter Name. Wir gehen in den Wald zur Gletschermühle, Großmutter Zitt hat früher immer die Gletschermühle gepflegt, sagt die Großmutter. Ein Zaun ist rund herum. Die schönsten Walderdbeeren leuchten dahinter, ich kann sie nicht greifen. Ich schaue durch den Zaun rund herum in das tiefe Loch und drehe mich durch den Fleischwolf, dass ich Luft schnappen muss von den Windungen. Der Stein dreht sich hinunter und auf der anderen Seite wieder hinauf und die Erde wird schwer, der Himmel liegt auf den Bäumen. Der Bach stürzt am Felsen und die Flügel stutzen sich am scharfen Stein.

Mein Bauch ist feucht vom Liegen und vom Braun, mein Bauch splittert von Nadeln, der Bauch von Peter tropft von Heidelbeeren. Die Hände greifen violett in seine Hosentasche. Wir sammeln Zapfen und werfen sie dann in den Schlund. Der Bauch ist groß und wird nie voll, violett und braun und tief. Vielleicht kommen die Zapfen auf der anderen Seite der Welt wieder heraus. Das Wasser tost den Fels hinunter und ich breite meine Flügel aus, der Himmel liegt schon auf den Bäumen, die Bäume sind die Decke. Großmutter hat Pilze gefunden, sagt Peter. Großmutter Zitt hat bestimmt auch immer Pilze gefunden, sagt er. Am Abend werden wir Pilze essen, wenn die Bäume in den Fensterscheiben zertropfen. Wir verschwimmen den Tag mit unseren Pinselstrichen und der Regen zerrinnt mit den Bäumen. Schnell laufen wir zurück aus dem Wald, bevor die Decke die Wege zerdrückt.

1 Herta Müller, *Niederungen*, S. 21, Fischer Taschenbuchverlag, Frankfurt am Main, August 2011

vertiefte Beute

I

noch immer die Zikaden
ein Weckruf. die Bewegung
unserer Lider Nachtsicht-
geräte leuchten uns aus
und auf die Zigaretten vor
der Mauer zum Nachbar-
garten. zwei Nachgeborene
versprechen wir einer dem
anderen dicht zu halten an-
einandergedrückt und leichter
gesagt als – gesagt, bleiben
unsere Wörter. Atemwegelagerer

II

wie Schwalben frei die an der Straßen
ecke stehen und drauflosreden in den
vollen Raum, den leeren. das Mitschneiden
von Bild und Ton, ein Murren, verstört.

dieses Luftschächten: *daz er* zwischen
Sagen und Sage *ouch tihtennes pflac*
nichts als Großstadt gegen die mur
melnden Mauern. Laufkundschaft

die aufgehaltenen Hände, Münder: *noch*
heut in den Lüften Mauern, Mauern, *auch*
alles Lautre das Andere lauert im Eigenen –
murmur. es herrscht Verdunklungsgefahr

III

wie Fischbäuche aufleuchten
kurz vorm Verschwinden.
Blinker gesetzt verschwimmen
im Brack stille Zeugen dramatischer

Oberfläche. die Spannung trägt ein
unsichtbarer Faden von Dir zum Raub
von Dir zum Köder „wie Fischbäuche
aufleuchten“ in Augen geteuft

vertiefte Beute im Bauch bist Du
der Haken im Mund verwachsen
spürst Du Dir nach Deinem Verschwinden.

im krausen Wasser blinkt es noch einmal
„wie Fischbäuche auf-“ die Blicke verhakt
in der Fläche verschwunden „wie

Warane auf den Balearen

Der Verlust seiner Freude am Leben war Max Mustermann einst nach einem Gewinn beim Pferderennen widerfahren. Hundertfünfzigtausend Schilling stünden in keinem Verhältnis zu einer wertlosen Ehe, hatte Frau Mustermann gemeint und war ihm enteilt. „Entritten auf den Schenkeln eines Freundes der Familie", wie Max Mustermann es damals in seinen Gedanken formuliert hatte.
Das Erstaunen über das Verkündete war groß, als Max Mustermann seine Belegschaft einige Arbeitswochen später im Konferenzsaal zusammenrief. Zusammenrief, um kundzutun dass er von nun an kein Freund von Freundschaften mehr sei und er es sich verbitte, mit Lächeln konfrontiert zu werden, solches Gehabe fände er zutiefst unsympathisch und, ganz im Allgemeinen, sei ihm Glück ohnehin zuwider. Seine Mundwinkel hingen dabei so tief, dass sie beinahe die Ausläufer seines Gesichtes erreicht hätten. Da Max Mustermann aber aufgehört hatte sich zu rasieren, verliefen sie irgendwo im fleckig dunklen Dickicht seines Gesichtshaares.
In den Wochen, Monaten, die darauf folgten, ging Max Mustermann fortwährend spazieren oder wandern, wenn er denn die Stadt verließ. Seine Stadt war ihm mehr und mehr unheimlich geworden. „Das Wahrzeichen meiner Stadt sind behaarte Männertutteln, die aus Fenstern hängen", pflegte er zu sagen. Ab und an ging er willkürliche Beziehungen zu Frauen ein, die meisten liebten Max Mustermann sehr. Liebten sie ihn zu viel, so erfand er Gründe, um zu streiten, und gab sich gern großmütig, wenn die Frauen dann unter schlechtem Gewissen litten. Irgendwie, so schien es nicht nur den Kollegen, hatte Max Mustermann damals ein wenig den Faden im Leben verloren.

Irgendwie, so schien es nicht nur seiner Familie, hatte Xaver X einst ein wenig den Faden im Leben verloren. Der Faden hatte begonnen, schwer sichtbar zu werden, als in Xaver X ein Krebs gefunden wurde. Verklungen war da das Vertrauen in die Worte seiner Mutter, „Xaver, du bist mit einer ganzen Legion Glück gesegnet", was bis zur Glaubwürdigkeit wiederholt worden war, in den Tagen seiner Unschuld. Der Segnung mit Glück war das Übel der Anatomie entgegengetreten und hatte einen Keil zwischen Xaver X und seine Zufriedenheit getrieben. Nach Monaten, Xaver X war schon müde vom Gefecht, wurde der Begebenheit jegliche Schwere genommen, indem das schwelende Wort *unheilbar* zur Aussprache kam, gleich hinterher erklang *sechs Monate, maximal*.
Xaver X lieh sich Geld in kaum überschaubarer Menge, nahm den nächsten Flug in den Süden und ehelichte eine Dirne aus bescheidenem Haus. Fortan lebte er königsgleich, sah seinem Geld und seinem Leben beim Vergehen zu und war ganz befreit von Sorge, nicht eben erwartungsvoll, aber doch überwiegend von Gleichmut getragen. Der Kummer begann erst heimzukehren, als die sechs Monate bereits

um Wochen überschritten waren und, statt der Lebenszeit, die Schmerzen ohne Unterlass abnahmen. Auf Drängen seiner Ehefrau, die sich eines Nachts bei abnehmendem Mond ihres schwindenden Erbes gewahr wurde, begab er sich zu einem Arzt, der in Xaver X keinen Krebs mehr finden konnte. „Spontane Selbstheilung. Kommt vor. Selten, aber doch. Sie sind wahrlich mit einer ganzen Legion Glück gesegnet, Xaver", waren die letzten Worte im Süden, reich an Scham und arm an Besitz flog er am nächsten Morgen in seine Heimat.

Nachdem Max Mustermann sehnsüchtiger Zeuge eines tödlichen Autounfalls und nach Jahren des Spazierengehens müde geworden war, setzte er sich ohne Zeitdruck in die nächste Arztpraxis und fragte den Mediziner unumwunden nach der Wahrscheinlichkeit eines baldigen Sterbens.
„Kann es sein, dass ich Krebs habe, Arzt? Irgendwo?"

Die Langatmigkeit der Schuldentilgung zwang Xaver X zu ungeahnter Kreativität, welche auch in gehäuftem Lottospiel ihren Ausdruck fand. Einige tausend Tage nach der Erstdiagnose fanden sich sechs richtige Zahlen auf dem Gewinnschein der Lotterie an Xaver X Kühlschrank. Wahrlich mit Legionen von Glück gesegnet empfand Xaver X sich selbst auf dem Weg zur Glücksspielorganisation am nächsten Tag, wo das ganze Übel des Zufalls ihn erwartete und Xaver X erfuhr, dass „auch auf mehr als dreihundert anderen Scheinen dieselben Zahlen zu finden waren, ein einmaliges, beinahe historisches Ereignis, noch nie da gewesen in der Geschichte des Glücksspiels in unserem Land". Den Gewinn investierte Xaver X gänzlich in eine zwölfteilige Serie von Ratgebern zu verschiedenen Anforderungen des Lebens.

„Ausgeschlossen" sei das, „völlig aus der Luft gegriffen", „doch purer Humbug", einer allzu lauen Auffassung seiner Professur entsprungen und „obendrein mit liebloser Gleichmut vermittelt". Max Mustermann geriet in Rage, als der Arzt ihn nach einer Reihe von Untersuchungen vom Krebsverdacht freisprach, und zog von dannen. Wunderlich nannte der verbliebene Arzt das Verhalten des Mannes. Wie an einem Faden entlang schritt Max Mustermann aus dem Blickfeld der unzähligen haarigen Männertutteln, dem Waldrand entgegen.

Xaver X sah sich folgend zu drastischen Mitteln bemüßigt. Ein Zeitungsbericht über eine Nation im Osten, die ihren Bürgern erlaubte, nur bedingt notwendige Organe gewinnbringend zu verkaufen, brachte sein schief gewordenes Leben in Bahnen zurück. Nur Stunden nach seiner Einreise in das von frostigem Klima überzogene Land konnte Xaver X einen Teil seiner Leber an einen vergilbten Oligarchen abtreten. Erst für unwesentliche Zeit rekonvaleszent, war er bald wieder thrombosenfrei und schuldenlos zu seinem Rückflug bereit.

Nur wenige Monate nach seiner Rückkehr kam der Krebs zurück und fiel über die verbliebene Leber her wie ein Schwarm Heuschrecken über ein beschauliches Dorf im amerikanischen Mittelwesten.

Max Mustermann hörte Xaver X, als er an einem Montagabend neben einem ihm unbekannten, doch freundlichen Mann von recht geringer Körpergröße an einer Bushaltestelle saß und seine Fingernägel humorlos in die Sitzbank krallte. Das geschah fast drei Jahre nach dem Pferderennen, und den Faden, den hatte er noch immer nicht gefunden. Er konnte ihn hören, noch ehe ihn zu sehen, denn Xaver X sang mit hörbarer Liebe zum eigenen Dasein. *„If we're going to San Francisco"*.
Xaver X kam aus dem Waldstück hinter der Bushaltestelle. Seine Mundwinkel ragten hoch, beinahe bis zu den Augenwinkeln, verloren sich dort aber in seinen Lachfältchen. Auf seiner Schulter lag der Kopf eines Hundes, das sah Max Mustermann auf den ersten Blick. Mit Hunden und Pferden, damit kannte er sich aus.
Der Gesang des Xaver X wurde leiser, wie auch seine Schritte langsamer, während er auf Max Mustermann zuging. Als der Gesang ganz verstummte, war Stillstand daraus geworden. Xaver X hatte alle Konzentration aufzubringen, um dem Blick von Max Mustermann standzuhalten, einem Blick, der ihn an den Schultern packte und durchschüttelte, eine körperlose Umarmung, ein Kuss ohne Mund.
„Sie sind ein absoluter Durchschnittsmensch, oder?", fragte Xaver X. Die Frage brachte die kreischende Stille zum Verstummen, wie ein kaum spürbares Streichen über die Wange das erregte Geplapper eines Fräuleins.
„Ja, ich bin Max Mustermann. Heißen Sie auch Max Mustermann?"
„Diese Frage stellt man mir sehr oft. Ich heiße nichtsdestotrotz und immer noch Xaver X."
„Das ist unumstößlich."
„Unumstößlich, hören Sie?"
Max Mustermann war bar jeder Antwort. Als regnete es Frösche und Kröten, prasselten Regungen auf ihn herab, die in seiner Erinnerung so fern schienen wie die marmeladeverklebten Kekse aus der Weihnachtsdose seiner Großmutter.

Aus der Statistenrolle trat der freundliche Mann von recht geringer Körpergröße, als er zu zittern begann und sich die Hand an seine Brust hielt. Max Mustermanns und Xaver X Blick waren bereits eins geworden, sie warfen ihn dem Mann zu und fragten sich, ob dieser bald an einem Herzanfall stürbe. Der Mann keuchte, wartend auf den Bus, und trat mit dem linken Bein immer wieder pochend auf dem Boden auf, als wolle er seinem Herzschlag einen gesunden Takt vorgeben.
„Ob der Mann nun wohl stirbt?", fragte Xaver X, nicht mehr in den gewohnten leeren Raum, Max Mustermann.
„Er sieht nicht so erwartungsvoll aus wie ein Sterbender, Xaver X."

Der Kopf auf Xaver X Schulter war Teil eines Hundes, der Rest war festgeschnallt auf dem Rücken des Mannes.
„In welchem Sternzeichen sind Sie geboren, Max Mustermann?"
„Ich bin ein Stier, aber ich benehme mich nicht so, Xaver X."
„Ich auch, das bin ich auch. Wollen Sie mit mir kommen, Max Mustermann? Ich habe einen toten Hund dabei, wir könnten ihn beerdigen."
„Nichts lieber als das, Xaver X. Auf diese Frage habe ich schon lange gewartet", sagte Max Mustermann, während ein zartes Lächeln seine Lippen kräuselte. Die sanftrosa Zunge, die aus dem Hundekopf hing und von summenden Fliegen voller Vorfreude auf das verführerische Mahl umkreist wurde, sah er unbeeindruckt an.

Selbstverständlich, wie es eigentlich gar nicht war, betrachtete man die Rahmenumstände, nahm Xaver X die Hand von Max Mustermann. In schweigender Übereinkunft gingen die beiden eine Weile durch den Wald, aus dem Xaver X gekommen war, zwanzig oder dreißig Augenblicke davor.
Max Mustermann dachte über die Liebe nach, als Xaver X wieder begann, das Lied über San Francisco zu singen. Drei Mal hatte er es zu Ende gesungen und wieder von vorn begonnen, gegen Ende war es in ein Summen ausgeartet und hatte Besinnung in den summenden Mann gebracht, so wie Katzen schnurren, um sich selbst zu beruhigen, dann hatten sie eine Lichtung erreicht. Xaver X blieb stehen, Max Mustermann ging in die Knie. Mit Händen, die zu Schaufeln geformt waren, begann er ein Loch zu graben. Nachdem Wunden in die Hände gerissen und Fingernägel gebrochen waren, war es tief genug, um einen Hund aufnehmen zu können.
Als sie den toten Hund in das Loch legten und ihn mitsamt den Würmern in seinem Bauch und den Fliegen in seinem Mund mit Erde zu bestreuen begannen, sang Xaver X wieder ein Lied. Seine Hände waren gefaltet, die Stimme höher als die Bäume, die sie umgaben. Für Max Mustermann klang das Lied irisch, aber davon verstand er nicht so viel. Am Ende stieß Xaver X einen Schrei aus, schrill und laut, wie ein Schlag in das Gesicht der Stille des Waldes.
Danach sank er zu Boden und rieb sich die Augen. Max Mustermann setzte sich neben ihn. Karg an Gespür – dem opulenten Idyll rund um die aus dem Boden ragende Schäferhundpfote zum Trotz – nahmen sie sich in den Arm und ließen ihre Köpfe aneinander ruhen. Das struppige Haar des Xaver X klebte bald in den warmen Bächen Schweiß fest, die über Max Mustermanns Wange liefen.

„Wie hat Ihr Hund eigentlich geheißen, Xaver X?", fragte der Pferdewettengewinner von vor drei Jahren, als er die Wärme genügend ausgekostet hatte, so wie ein gut gemeintes Klopfen auf die Schulter der Harmonie.
„Das war nicht mein Hund, ich kannte ihn gar nicht. Ich habe ihn gestern Morgen spielend in meinem Garten gefunden. Ich fand, er sollte beerdigt werden."
„Sie haben ihn also getötet, Xaver X?"
Xaver X schwieg.
„Was meinen Sie, wieso haben Sie das gemacht, Xaver X?"
„Weil ich gestern Morgen mein Horoskop gelesen habe, Max Mustermann. Und darin stand: *Ein Freund sieht keinen Ausweg mehr. Helfen Sie ihm herauszufinden, wo der Hund begraben liegt*. Deshalb, Max Mustermann!"
„Danke, dass Sie das für mich getan haben. Ich …"
Die Pause wurde durch Zwitschern gefüllt, Xaver X blieb dafür taub.
„… ich weiß nur nicht, ob es mir geholfen hat, Xaver X."
Xaver X sah zu Boden und versuchte, mit seinem Blick ein zweites Loch auszuheben, um seine Enttäuschung darin zu vergraben.
„Fühlen Sie sich denn nicht besser, Max Mustermann?"
„Hm, nein, ich … glaube … eher nicht. Und Sie, Xaver X?"
„Ein bisschen vielleicht, Max Mustermann, das könnte schon sein."
Die Sonne vertrieb die letzten Wolken, die ihr im Weg gestanden waren. Max Mustermann konnte hören, wie die Fettdrüsen in seiner Nackenhaut zu brutzeln begannen, so wie Speck in der erhitzten Pfanne.
Beide hörten hin, beide wollten dem Geräusch durch Gespräche nicht schaden.
Die Worte wurden beiden knapp, bis die Sprache dann irgendwann ganz aus ihrer Freundschaft verschwand.

Der Sog der Zahlen

Frühmorgens werden die Jalousien heraufgezogen, spätabends wieder heruntergelassen. Wer dazwischen im Gebäude war, darf sich gratulieren – Der Markt hat ihn dann registriert. Man hat vielleicht auf seinem iPhone oder sonstigem Dokumentationsgerät ein Erinnerungsphoto von sich und dem Markt geschossen. Bravo. Leider ist aber noch nicht jeder so weit!

Was dem Betrieb an konkreten Vorbereitungsmaßnahmen vorschwebt, um zunächst hineinzukommen, ist:

ERSTENS viel Körperarbeit,
ZWEITENS viel Pressearbeit und noch viel mehr Verlagsarbeit,
DRITTENS meine eigene Marke werden,
VIERTENS Prosa,
FÜNFTENS gezielteste Vermarktung,
SECHSTENS eine Professionalisierung,
SIEBTENS ganz genaues Beobachten und Erzählen, um das wahre Leben aufzuspüren oder zumindest die Gewissheit, dass uns der Markt gefressen hat.

Was einen nicht irritieren darf: Dass man sich wie ein Frettchen im Zwinger nur um seinen eigenen, immer kugelförmiger werdenden, Körper drehen kann. ACHTENS: Eine fundierte Ausbildung, die mich eng an den Leib des Betriebes führt, an den in Embryonalstellung ich mich anschmiegen will. NEUNTENS: Jeder Text wird ohnehin eine Totgeburt, weil alles schon einmal da gewesen ist. Oft kriecht es aber in den Gebärapparat noch einmal hinein, wo es schließlich friedlich verendet.

Diesmal aber wird die Geburt und schließlich ZEHNTENS leicht, da sie sexy und kollektiv sein wird. Das Pressen wird gemeinsam bewerkstelligt werden. Die Ausgeburt wird Gott sei Dank glatt. Alles findet seinen Weg, der Markt kennt seine Kanäle. Die Kanäle sind von anderen ausgekundschaftet und mithilfe von gezielten Schulungen erschlossen worden, z. B. Hörkanal (Hörspiel), Sehkanal (Drehbuch), Unterhaltungskanal (Prosa), Dortseikanal (Wiener Festwochen), Spürkanal (Gedicht) etc. Verschiedene Materialien sind möglich, Fleisch und Blut werden aber empfohlen, damit man vor sich Texte hat wie du und ich. Auch der Text will aus dem Stoff sein, aus dem das Leben ist …

DER STOFF, AUS DEM DAS LEBEN IST

Katja beobachtet gerne Menschen. Dafür setzt sie sich in ein Kaffeehaus oder in einen Park oder ins Freibad. Katja hat überall ihren Notizblock dabei. Jetzt gerade sitzt sie im Café Prückel. Sie hält Ausschau nach dem wahren Leben. Da drüben sitzt ein wahres Leben in Form einer alten Frau. Katja bestellt etwas und fragt sich für eine Sekunde, was wohl der wahre Lebensstoff dieses Kellners ist. Katja weiß es aber nicht und schüttelt den Kopf. Sie will sich ja mit diesem wahren Leben dort drüben beschäftigen. Katja beginnt mit ihren scharfen Beobachtungen, der Stoffsammlung. Sie notiert:

ERSTENS Grauhaarige Frau, etwa 73 Jahre alt, weiße Kaschmir-Bluse und blau-grau-karierter Rock, schwarze Lederschuhe mit Absatz. Sitzt und liest seit 76 Minuten Zeitung. Die Krone.
ZWEITENS Frau könnte Agnes heißen. Frau Agnes Glass. Frau Agnes Glass hat ihren Mann verloren, Herbert. Herbert Glass hat schon jahrelang an Demenz gelitten und ist schließlich an einem multiplen Organversagen gestorben.
DRITTENS Frau Agnes Glass lebt nun alleine. Sie lebt in einer Wohnung im zweiten Bezirk, Nähe Augarten. Wenn Frau Glass nun aus dem Fenster sieht, empfindet sie nichts als Leere. Ihre Kinder kommen nie zu Besuch.
VIERTENS Frau Glass macht merkwürdige Dinge. Zum Beispiel zerschneidet sie Herberts Anzüge und näht sie dann wieder zusammen. Dabei beschimpft sie Herbert, also den leeren Raum. Frau Glass geht an der Einsamkeit zu Grunde.

Katja will mit Agnes Glass Eindrücke im wahren Leben der Leser hinterlassen. Die Eindrücke werden in verschiedenen Grautönen präsentiert. Katjas Geschichten bewahren sich immer den wahren Grauton des Lebens. Der Stoff, aus dem das Leben ist, sind doch in Wahrheit Geschichten. Und jeder Mensch will doch in Wahrheit Geschichten hören. Die Geschichten, die Katja erzählt, könnten immer wahr sein. Agnes Glass könnte gerade den Blick durch das Zimmer schweifen lassen und seufzend die Anzugsfetzen ihres verstorbenen Mannes zu Boden gleiten lassen. Damit Agnes Glass dies wirklich tun könnte, muss Katja vor allem beobachten und an ihrem literarischen Beobachtungshandwerk, der Sprache, arbeiten.

… Sie wissen alle, worauf ich hinaus will. Die Ordinalszahlen rasen schnurgerade bis zu HUNDERTSTENS dem reinen, unverhohlenen Roman. Die Türen werden morgens ausgehoben, wenn alle aber drinnen sind wieder eingesetzt. Das Gebäude steht überall. Es steht in Leipzig, Frankfurt, zuweilen auch in Wien, vor allem aber in unseren Herzen und Träumen. Ein heimeliger Sesselkreis ist vorhanden, in der Mitte sitzt mit ausgebreiteten Armen unser Gastgeber, der Literaturbetrieb. Lassen Sie uns nicht vergessen, dass wir auch in unseren Texten Gäste sind und uns auch so verhalten sollten!

Für das leibliche Wohl ist, zumindest kurzfristig, gesorgt, schwarzer Kaffee und Traubenzucker stehen bereit. Die Produktivität darf sich JETZT entfalten, schreit mit aggressiver Herzlichkeit der Betrieb. Was dem Betrieb schmecken und nicht so sehr schmecken will, muss man erst einmal lernen.

Im Inneren: Die Autoren, die sich dem Betrieb stellen, sind zahlreich und ineinander vermengt. Sie stehen mit leeren Sektgläsern umher und plaudern wie kreative Maschinengewehre. Als beliebt erweisen sich Gespräche über attraktive Schauspieler an stadtbekannten Bühnen, Publikationen in Tageszeitungen und Chancen beim open-mike, eher unbeliebt ist Kritik oder Wut. Sie kann in den meisten Fällen keine Werbeeinnahmen erzielen und sorgt für Falten auf dem Antlitz der Fräuleinwunder. Morgens werden die Brote mit Kaviar bestrichen, mittags bestreicht man Pappendeckel, abends aber streicht man nur mehr hungrig ums Gebäude.

Im Inneren: Der Literaturbetrieb nimmt nacheinander jene, die gelernt haben an ihn zu glauben, auf den Schoß und hört sich ihre Wünsche an. Leider werden sie nicht erfüllt, da alle Geschenke, wie bei einem Kaufhausweihnachtsmann, von jemand anderem gekauft werden müssen, in diesem Fall natürlich von den Autoren selber. Der Betrieb hat nichts zu verschenken.

Im Gebäude ist es eng aber lustig. Die Kombattanten drehen sich wie Spanferkel UM die eigene Achse, AN einem Spieß sowie IM eigenen Fett. Sie braten sich also autark und gegenseitig, was für den Betrieb energie- und klimaschonend ist.

HUNDERTUNDERSTENS: Ich soll Schuhe einer namhaften Sportfirma tragen. Ich soll Sätze nur durch volle Lippen äußern …

DURCH VOLLE LIPPEN ÄUSSERN

Polo schreibt. Manchmal. Er hat 3 Studien in 4 verschiedenen Ländern angefangen und nicht abgeschlossen. Polo hat 8 Praktika in 8 verschiedenen Firmen absolviert. So ist seine Generation eben, sagt Polo. Er zeigt auf sich selbst und dann beginnt er zu lachen. Über ihn und seine Generation muss man lachen, das macht seine Generation und ihn selbst eben aus. Dass alles scheiße ist und der Kapitalismus die Kultur gefressen hat, weiß Polo ganz genau, aber seine Generation rät ihm zu folgenden Maßnahmen:

ERSTENS feiern, weil es nichts zu feiern gibt,
ZWEITENS facebook nutzen, weil facebook scheiße ist und Isolation noch viel beschissener,
DRITTENS nur legere Beziehungen führen oder so etwas Ähnliches,
VIERTENS Bekanntschaften oder so etwas Ähnliches in
FÜNFTENS jeder erdenklichen Stadt pflegen, in der man mal gewesen sein muss, am besten über facebook,
SECHSTENS vor jeden Text ein englisches Song-Zitat stellen,
SIEBTENS network the fuck out of yourself.

Polo lacht immer noch, während er auf sich selbst und seine Generation zeigt. Der Witz ist, sagt Polo, dass es ein Witz ist. Ernstzunehmende Literatur gibt es nicht mehr, aber wenn, dann ist sie bestimmt ironisch. Avantgarde gibt es nicht mehr, aber wenn, dann muss das wohl ein Witz sein. Polo hat alle namhaften Kulturphilosophen gelesen, oder zumindest teilweise oder zumindest schon mal davon gehört. Polo hat viel über den Literaturmarkt und jeden anderen Markt gelesen oder sich zumindest bewusst gemacht, dass irgendein Markt ihn gefressen hat. Der Markt hat uns alle gefressen, lacht Polo, und ist das nicht traurig. Der Markt kauft uns billig ein und verkauft uns wieder, aber unter unserem Wert. Man muss eben in diesem Verdauungstrakt lachen lernen, nicht wahr. So ist das eben, nicht wahr. Frankfurt und Leipzig, nicht wahr. Polo bestellt noch ein Bier, für sich und Pit.

… HUNDERTUNDZWEITENS: Es herrschen veränderte Zeiten. Zielführend ist es, übers Business zu sprechen und mit dem Nachtzug zur dOCUMENTA zu fahren, sehr ineffizient ist der Wille, etwas verändern zu wollen, wahrscheinlich weil er einem keinen Gratis-Zweigelt ausschenkt.

HUNDERTUNDDRITTENS: Die Werke werden im Gebäude vorgelesen. Sie sind in Prosa oder sonst was geschrieben. Sie sind formlos aber voll von frischem Wind. Der Inhalt befindet sich in den Werken, er wiederum ist uns nahe, ist jung und zeitgemäß.

Er ist der Schleim, der aus sehr modernen Fernsehserien, sehr sexy Körpern, neuesten technischen Geräten, aber letztlich aus unseren eigenen Lefzen tropft.

Unsere Romane sind punktgenau auf den Nerv des Betriebes hingeschrieben. Sie sind stets nur Variationen, nur wovon wissen wir leider selbst nicht. Ich soll Theorie ablehnen und die Praxis über alles schätzen, weil sie mir einen kapitalistischen Mehrwert und Kontakte zur lukrativen Theaterwelt beschert. Ich soll an die klassischen Genres glauben, weil sie immerhin 500 Jahre alt sind und sich damit bewährt haben. Ich selbst bin immerhin erst 25, im Idealfall sogar erst 17. Wenn ich es mir genau überlege, bin ich überhaupt vielleicht erst 12. Auf der anderen Seite aber soll ich jede Art von Handwerk für überholt und irrelevant halten. Ich soll mit meinen reduzierten grammatikalischen Mitteln Haus halten, sonst sind die auch noch weg. Ich soll, meinem dandyhaften Lebensstil entsprechend, alles hinkotzen wie im Rausch.

Am nächsten Tag drapiere ich das zuvor Erbrochene zu einer Einreichung für den Efemvierirgendwas. In meinen Romanen geht es um Menschen wie du und ich. Sie sind geschrieben in einer Sprache wie du und ich. Ihre Covers und Klappentexte sprechen Menschen an wie du und ich. Ich hingegen bin ausschließlich jemand wie ich und nicht wie du, da ich als Künstler und vor allem als ein solcher Künstler wie ich einer bin, in einer Sonderposition sein muss. Egal aber wie gut das ist, was ich gemacht habe, lassen Sie mich bitte nicht vergessen, dass es immer noch mindestens einen gibt, der mindestens noch besser ist auf der Welt. Der Betrieb zieht unablässig an den Schöpfen Neuere und Frischere hervor, die noch besser funktionieren. Morgens werden die Stockwerke hinaufgefahren, abends räumt man sie wieder hinunter.

Die Autoren sind klein und buckelig geworden. Das Ziel ist zwischen die Beine des Betriebes zu dringen. Als Mensch wird man hineinkriechen, als seine eigene, kernige Marke wiedergeboren. Mit ihrem Geiselschwänzchen strampeln die nur mehr embryonenhaft zusammengerollten Autoren, um im Herbstprogramm weiter vorzudringen, geißeln dabei aber immer nur andere. Nicht jeder kann rein, die Flüssigkeit ist hier verdammt dünn in Wien. Was ich jetzt weiß: Ich bin dort eine Masse, wo ich früher eine Einzelperson war, und dort alleine, wo ich mich eigentlich in Gesellschaft befand.

Der Betrieb sagt uns, dass ich in einer Masse von Gleichgesinnten schwimmend mich in die Höhe dessen, „der es geschafft hat", schwinge, ganz nach dem kapitalistischen Prinzip, hier bin ich noch viele. Wir alle wollen das Gleiche. Wir alle wollen ganz, ganz oben sein, verdammt oben. Auf der anderen Seite aber bin ich ein Einmannunternehmen, ein Einzelkampfer, ein Kandidat und ein Streiter, dem keine Solidarität gestattet ist, und schon gar keine Rücksichtnahme …

UND SCHON GAR KEINE RÜCKSICHTNAHME

Clemens hat einen Plan. Dichter soll es sein. Wenn man ein Dichter sein will, dann heißt es, die richtigen Maßnahmen zu ergreifen. So ein Dichterleben ist nämlich ein schweres. Schon alleine, weil man ein Dichter ist. Wenn man seine Chance nicht ergreift, dann greift man daneben. Mit Dichter meint Clemens Romancier. Ein Romancierleben muss gut geplant sein, damit es überhaupt zu einem solchen werden kann. Clemens hat einen Plan ausgeheckt, aber den hat er gar nicht selbst ausgeheckt. Der Markt hat ihn dazu gezwungen. Was soll er denn machen, wenn der Markt ihn zu solchen Maßnahmen zwingt. Der Plan besteht aus:

ERSTENS einem Roman,
ZWEITENS der Einreichung des Romans bei 17 verschiedenen Verlagen,
DRITTENS 17 identische Absagen,
VIERTENS der Einreichung verschiedener Romanteile bei 9 verschiedenen Literaturzeitschriften,
FÜNFTENS weder Absagen noch Reaktionen,
SECHSTENS der Bewerbung bei einem deutschsprachigen Literaturinstitut,
SIEBTENS einer Aufnahme,
ACHTENS der Vorstellung des Romans bei dem erstbesten Professor,
NEUNTENS dem Ratschlags, den Roman zu überarbeiten,
ZEHNTENS der Vorstellung des Romans bei jedem anderen Professor oder jeder anderen Professorin,
ELFTENS endlich einem Empfehlungsschreiben an einen Verlag,
ZWÖLFTENS der Aufnahme des Romans in jenem Verlag,
DREIZEHNTENS Austritt aus dem Literaturinstitut,
VIERZEHNTENS Dichter sein, also, Romancier.

Clemens hat getan, was er tun musste, um von seinen Romanen leben zu können. Jetzt wird Clemens auf den Buchmessen präsentiert. Er ist eine Marke. Er ist die Marke Clemens. Sein Lektor tut alles, um diese Marke auf der Buchmesse zu präsentieren, nicht Clemens. Clemens weiß das. Es tut weh, was der Markt aus einem macht, zum Beispiel eine Marke. Clemens nimmt seinen Preis entgegen und sagt: „Es tut weh, was der Markt aus einem macht, zum Beispiel eine Marke."

… HUNDERTUNDVIERTENS: Die Körper sind markttauglich, sobald sie markentauglich sind. Das finale Ziel ist der Gebärapparat des Betriebes. Nackt, eingerollt und auf sich selbst reduziert, kriechen noch einige Schriftsteller zur Uterus-Verlagslandschaft, aber es ist zu spät. Die Empfehlungsschreiben sind abgeschickt, die Stipendien vergeben, der Markt hochschwanger mit dem heißen Scheiß dieses Jahres. Im ganz Inneren: Die ersten haben es geschafft. Sie sind im Kern des Betriebes angekommen und können sich einnisten, jedoch nur kurzfristig. Die Zeit des Austragens ist begrenzt, auch hier kommt man über sechs Monate nicht hinaus, da das Frühjahrsprogramm nachdrängt.

Nun reicht eine kurze Erschütterung, damit die Blase platzt und alle Investoren, die sich selbst als Produkt darin positioniert haben, wieder hinausfallen. Durch zermalmende Wehen herausgepresst, sind auch die Werke nur mehr auf einen Klappentext gekürzte Rümpfe. Während die Autoren in Einzelgliedern aus der Schiffsschraube des Marktes schießen, unterlassen sie es dennoch nicht fototauglich zu posen. Eine hübsche junge Jungschriftstellerin auf ihrer Vespa, ein weiser alter Altschriftsteller im Cafe Central. Der Markt quetscht in sich einen wirklichen echten Menschen auf 100 Seiten zusammen, dass die Knochen nur so splittern. Die alkoholisierten Burnout-Kandidaten lachen dennoch: Sie haben es geschafft.

Aus immer häufiger werdenden Blutlachen erheben sich jetzt die Autoren und gehen nach Hause, wo das normale Leben wartet. Ihre Zeit ist vorbei. Wenn sie sich aber nicht so sehr bemüht hätten, hätte es nicht einmal diese Zeit gegeben! Und das waren wir uns ehrlich gesagt schon wert. Morgens kehren wir zum Schein vor der eigenen Haustüre, abends kehren wir in die eigentliche Beschäftigung als Werbetexter, Lehrer oder Angestellter zurück. Warum sollte uns auch der Markt ernähren? Nein, darüber machen wir uns keine Illusionen. Der ist ja selbst bedroht, der Betrieb, der weiß ja auch nicht, wohin mit sich.

HUNDERTUNDSECHSTENS: Ich weiß jetzt, dass ich mich gleichzeitig ernst nehmen muss, aber niemals etwas ernst meinen darf – Mich ernst nehmen insofern, dass ich mein Dasein als belanglose Marke in einem Betrieb, in dem nur die Vermarktung zählt, niemals zugeben darf, obwohl es jeder weiß und ich es eigentlich auch dauernd wiederhole. Dennoch nehme ich mich ernst. Wünschenswert hingegen ist, den ganzen Rest ironisch zu meinen, weil es mich unangreifbar macht und eine Beschäftigung mit meinen Sprachmustern irrelevant.

Morgens wollte ich ein Autor sein, heute ist das nur ein Witz gewesen. Auch das ist natürlich ein Witz, wie auch der Morgen schon ironisch gemeint war. Niemand wollte von oder für irgendwas leben. Alles was man sagt ist ein Witz, und wenn Sie nicht darüber lachen wollen, kann ich Ihnen auch nicht mehr helfen …

Kurzbiografien der Autorinnen und Autoren

IRMGARD FUCHS, geboren 1984 in Salzburg. Studium der Theater-, Film- und Medienwissenschaft in Wien und Berlin sowie Sprachkunst an der Universität für angewandte Kunst Wien. 2009 Nominierung zum Retzhofer Literaturpreis. 2010 Finalistin beim Newcomer Wettbewerb *Die Angstmacher* im Theater Drachengasse. 2011 START-Stipendium des bm:ukk.

SABINE SCHOLL, lebt nach Wien, Aveiro, Chicago, New York und Nagoya in Berlin, lehrt Literarisches Schreiben am DLL in Leipzig und seit 2009 am Institut für Sprachkunst Wien. Zahlreiche Bücher. Zuletzt: „Giftige Kleider",„Tödliche Tulpen". Demnächst: „Ich bin die Früchte des Zorns".

THERESA BRUNNER, lebt und arbeitet in Wien.

JOHANNA KLIEM, geboren 1990 in Göttingen, studiert seit 2010 in Hildesheim und Wien Schreiben. Veröffentlichungen in der Bellatriste und bei der Edition Paechterhaus.

STEFAN POINTNER, geboren und lebt. veröffentlicht gerade in der lautschrift eine auslese. schreibt bevorzugt kürzestbios.

DAGMAR LEUPOLD, geboren 1955, freie Schriftstellerin seit 1985. Zahlreiche Veröffentlichungen – Lyrik, Romane, Essays, Erzählungen – zuletzt: *Die Helligkeit der Nacht. Ein Journal* (C. H. Beck, 2009). Seit 2001 geschäftsführendes Vorstandsmitglied des Deutschen Literaturfonds e.V. Seit 2004 leitet sie das „Studio Literatur und Theater" der Universität Tübingen.

NILS GEORG TREUTLEIN, geboren 1981 in München. Total geradlinig gelebt. Liebt Dingkultur und Doo Wop.

BASTIAN SCHNEIDER, 1981 in Siegen geboren. Studium der Psychologie sowie der deutschen und französischen Literaturwissenschaft in Marburg und Paris. Lebt und arbeitet in Wien.

NINA LUCIA GROSS, geboren 1990 in Salzburg, aufgewachsen in Oberösterreich. Lebt und studiert derzeit in Wien. Seit 2009 Studium der Sprachkunst an der Universität für angewandte Kunst Wien und seit 2011 Kunstgeschichte an der Universität Wien.

ROBERT WOELFL, geboren 1965 in Villach, studierte an der Universität für angewandte Kunst Wien und lebt seitdem dort als freier Schriftsteller. Für seine Theaterstücke erhielt er zahlreiche Preise, darunter den Reinhold-Lenz-Preis für neue Dramatik und den Autorenpreis der deutschsprachigen Theaterverlage. Für seine Videoessays erhielt er den Österreichischen Videokunstpreis. Seit 2011 unterrichtet Robert Woelfl an der Universität für angewandte Kunst Wien am Institut für Sprachkunst Szenisches Schreiben.

DOMINIK IVANCIC wär gern ein Astronaut. Am liebsten wär er der erste Mensch auf dem Mars. Da das wohl nix wird, hat er mit dem Schreiben begonnen und studiert jetzt im 2. Semester Sprachkunst an der Universität für angewandte Kunst Wien.

NORBERT KRÖLL, geboren 1981 in Villach, lebt in Wien. Diverse Studien: Klassisches Schlagwerk, Jazz-Schlagzeug, Tontechnik, Philosophie. Bis 2010 Schlagzeuger/Texter in der Band Giantree. Derzeit Percussionist der Band Dawa sowie Student am Institut für Sprachkunst an der Universität für angewandte Kunst Wien.

KATHARINA LUGER, geboren 1986 in Wien. Studierte Wirtschaftswissenschaften in Wien und Lissabon. START-Stipendium für Literatur des bm:ukk 2011. Veröffentlichungen u. a. in Anthologien, Zeitschriften und in der Tageszeitung *Der Standard/Album*.

JAN BRAUN, geboren 1988 in Wien, lebt ebendort. Seit 2008: Studium der Germanistik an der Universität Wien. Seit 2009: Studium der Sprachkunst an der Universität für angewandte Kunst Wien. 2010: Mitgestaltung des Diplomprojekts von Pia Greven, Absolventin der Bühnenbildklasse der Universität für angewandte Kunst Wien.

ELISABETH MUNDT, geboren 1990, lebt in Wien, Veröffentlichungen in Anthologien, Teilnehmerin am „Startguthaben 2012" der Garage-X in Wien.

MARIA OBERRAUCH, geboren 1988 in Bozen, Italien. 2007 Matura am Kunstlizeum Bozen, anschließend mehrere Praktika im Bereich Marketing (Bozen), PR (Bergamo) und Werbung (München).
2008–2010 Fachlehrgang Marktkommunikation an der Werbeakademie Wien, seither freiberufliche Tätigkeit als Texterin. Seit September 2010 Studium der Germanistik, seit September 2011 Studium der Sprachkunst an der Universität für angewandte Kunst Wien.

ROLAND GRENL, geboren in Niederösterreich, als John Lennon schon tot war. Studiert Schreiben und beobachtet Menschen. Schreibt dann auch über Menschen. Lebt in Wien, bzw. Hildesheim und bemüht sich, brauchbare Drehbücher, Dramen und Prosa zu verfassen.

RAPHAELA EDELBAUER, geboren 1990 in Wien. Schreibt noch immer Texte, die sich um Gattungsgrenzen sow. Vermarktung keine Sorgen machen. Studium der Sprachkunst, Philosophie und Germanistik u. a. seit 2009.